核心素养理念下的高中英语教学策略

赵 静◎著

中国商业出版社

图书在版编目（CIP）数据

核心素养理念下的高中英语教学策略 / 赵静著. 北京 : 中国商业出版社, 2024. 7. -- ISBN 978-7-5208-3004-1

Ⅰ. G633.412

中国国家版本馆 CIP 数据核字第 2024686ZG4 号

责任编辑：郝永霞

策划编辑：佟　彤

中国商业出版社出版发行

（www.zgsycb.com　100053　北京广安门内报国寺1号）

总编室：010-63180647　编辑室：010-83118925

发行部：010-83120835/8286

新华书店经销

廊坊市源鹏印务有限公司印刷

787毫米×1092毫米　16开　13.25印张　214千字

2024年7月第1版　2024年7月第1次印刷

定价：68.00元

前言

随着现代信息技术革命的蓬勃发展，以 ABCQ（人工智能、大数据、云计算、量子技术）为代表的新技术高速发展，应用范围不断普及，对人才的要求越来越高，教育要适应这一大趋势，就必须进行改革，着重培养学生的核心素养，以提升他们在未来的竞争力。所谓核心素养，主要包括学习能力、沟通能力、社交能力、文化素养、全球意识、实践能力等，是对人才能力的全方位培养。

在核心素养教育理念下，高中英语教学策略需要及时调整和改革。英语不仅是一门学科，还是国际交流的工具。对于高中生来说，掌握好英语不仅是考取好成绩，更是培养未来国际竞争力不可或缺的技能。为此，高中英语教学不仅是培养学生得高分，更应该教授给学生能力。高中英语教学不仅要注重培养学生听、说、读、写的能力，还应该培养他们对语言的整体驾驭能力、跨文化交流和沟通能力等。为此，在教学策略上教师应该注意教学方法的多样性和多变性，注重学生个体学习能力的提升和学习习惯的培养，通过各种方式增强他们学习的主动性，实现英语教学立德树人的目标。

本书是高中英语教学方向的书籍，主要研究核心素养理念下的高中英语教学策略。本书从核心素养理念下的高中英语教学的基础介绍入手，针对核心素养理念下的高中英语课堂教学以及核心素养理念下的项目式教学策略、核心素养理念下的听力与口语教学策略，以及核心素养理念下的阅读教学策略进行了分析研究；另外，对核心素养理念下读后续写教学策略以及核心素养理念下教学渗透策略提出了一些建议；本书重在探究高中英语学科核心素养，深化英语课堂教学策略，以形成学生实践创新的有效路径，提高英语课堂的育人效能，实现立德树人目标。

在本书撰写过程中，我们得到了很多宝贵的建议，谨在此表示感谢。同时参阅了大量的相关著作和文献，在参考文献中未能一一列出，在此向相关著作和文献的作者表示诚挚的感谢和敬意，同时也请对撰写工作中的不周之处予以谅解。由于作者水平有限，编写时间仓促，书中难免会有疏漏不妥之处，恳请专家、同行不吝批评指正。

目 录

第一章 核心素养理念下的高中英语教学……1

第一节 核心素养理念下的高中英语教学理论……1

第二节 核心素养培养与英语教学有效性分析……5

第三节 英语教学策略选择与教学设计……17

第二章 核心素养理念下的高中英语课堂教学……21

第一节 高中英语教学课堂提问……21

第二节 高中英语高效课堂教学……26

第三节 高中英语教师教学方式与师生互动……34

第四节 基于核心素养培养下的高中英语课堂教学策略……60

第三章 核心素养理念下的项目式教学策略……63

第一节 英语项目式学习指向语言素养培养……63

第二节 英语项目式学习对学生能力的培养……66

第三节 英语项目式学习深化主题意义的实施策略……78

第四章 核心素养理念下的听力与口语教学策略……81

第一节 英语听力教学的方法与策略……81

第二节 英语听力策略训练……84

第三节 英语口语课外学习的研究策略及实施……100

第四节 英语口语拓展性教学的研究策略及实施……111

第五节 英语口语语境教学的研究策略及实施……121

第五章 核心素养理念下的阅读教学策略……130

第一节 基于核心素养的高中英语阅读教学理念……130

第二节 基于核心素养的高中英语阅读教学改革与评估……133

第三节 基于核心素养的高中英语阅读技巧策略……141

第四节 基于核心素养的高中英语阅读兴趣策略……143

第六章 核心素养理念下读后续写教学策略......163
第一节 高中生英语读后续写的意义......163
第二节 核心素养下高中英语读后续写分层教学应用策略......165
第三节 核心素养下高中英语读后续写合作教学应用策略......178
第四节 核心素养下高中英语读后续写情境教学应用策略......183
第五节 核心素养下高中英语读后续写生活化教学应用策略......198
参考文献......203

第一章 核心素养理念下的高中英语教学

第一节 核心素养理念下的高中英语教学理论

一、相关概念界定

（一）核心素养

所谓“必备品格”，就是指教师在教育过程中帮助学生逐渐形成正确的世界观、人生观和价值观，使其在未来成长中成为具有良好的社会适应能力和充满道德与责任感的人。培养学生的“必备品格”是基础教育中最基本的特点。“关键能力”则是指学生的语言能力和学习能力，学生关键能力的培养必须紧密联系学生的实际生活与经验，并根据时代的发展和需要不断调整、更新，赋予其新的内容。

核心素养不仅仅是单一的、低层次的技能加知识，还在简单的知识与技能之中包含情感态度与价值的高层次表现。更重要的是，它是学生在教育过程中形成的基本素质和关键能力，以满足学生的可持续发展和社会需要。事实上，核心素养是知识、技能、情感、态度和价值观“五位一体”的集合表现，它摒弃了以往重视结果而非过程的情形，学生的整体感知与学习过程成为重中之重。核心素养的稳定与开放的特征可以帮助学生很好地适应未来社会的发展，促进学生长期学习，为加强学生的全方位进步与发展铸就了坚定的基石。

（二）英语学科核心素养

英语学科核心素养是对核心素养内涵的具体化，在英语课程方面规定了学生应该具备怎样的素养能力，不仅有利于全面贯彻党的教育方针，而且对于落实立德树人的根本任务、促进素质教育的发展有着非常重要的意义。英语核心素养在三维目标的基础上进行了整合与讨论，从而提出了语言能力、文化意识、思维品质和学习能力四大学科核心素养。

1. 语言能力

语言能力是指人们能够运用语言在社会中进行自如的表达和理解的能力。语言能力不只包括听、说、读、写四大基本技能，还包括对语言的理解和使用能力。英语学科核心素养的核心就是语言能力，将其进行具体划分，可以分为以下内容：认识到英语作为一门国际语言的重要性、认识到英语文化与英语思维的关系、掌握英语知识、能够理解各种类型的口头语境和书面语境、通过语言构建人际关系的能力。通过学习，学生能够通过听、说、读、写等方式提高语言意识，发展英语语感，在进行人际交流的时候有效地使用口语传递重要信息。

2. 文化意识

文化意识是指人们对中外文化的理解力和对优秀文化的认同感，同时也是基于经济全球化大背景下表现出的文化认知、人文修养和价值取向。文化意识体现了英语学科核心素养的育人价值取向。文化意识不仅指文化现象、情感态度和价值观，还包括对文化传统和文化语境的评价。通过学习，学生可以获取文化背景知识、理解文化的内涵、具有对中外文化比较异同的能力，有利于加强学生本身的文化意识思想觉悟；有利于其正确价值观念的形成与发展；有利于构建其自身的文化认同与自信，增强国家认同感和家国情怀，学会做人做事，传播优秀文化，成为社会主义的建设者和接班人。

3. 思维品质

思维品质是指人的思维在某些方面所表现出来的能力和水平，如逻辑性、批判性和创新性等。思维品质体现出英语学科核心素养的心智特征。通过学习，学生能够理解概念的意义和延伸，将一些具有概念性的词汇与我们所处的环境相联系，按照信息所表达的具体内容提取出一些具有共同特征的事物，学会从不同方面和角度使用所学的新的表达方式去认识和解决遇到的问题。需要特别注意的是，使用英语理解和表达的过程有助于培养学生的一般思维能力，因为它可以帮助学生培养母语为英语的人所拥有的特殊思维方式和能力。同时，语言和思维之间也存在密切的关系，学习和使用语言可以丰富思维形式。许多学者指出，在教学中开展有效的教学活动对发展学生的思维能力非常有意义。核心素养中的思维品质不仅与普通意义上的思维能力不同，也与理解和表达能力有所不同。

4. 学习能力

学习能力是指学生积极主动地对英语学习策略进行运用与调适，努力拓宽英语学习路径，从而提升英语学习效率的一种意识和能力，也是作为21世纪公民必须具备的一种具有长时间学习的意识和自主性学习的能力。学习能力不只是对学习方法和学习策略的掌握能力，也是学会控制学习方法和调整学习策略的能力。教师应预先判断学习效果，根据实际情况和需要对学习方式进行调整，达到学习效果的最优化。在英语学习过程中，学生必须对英语学习保持高昂的情绪，对英语学习形成正确的认知态度，明确学习英语的目的不仅是掌握知识，而且是更好地自我发展。学生不仅需要在学习英语和使用英语的过程中使用学习策略，还需要形成英语学习能力，为自觉和持续学习创造有利的环境。

英语不仅是用来与他人进行交流的语言方式，而且在交流过程中体现出了深厚的人文特征。对于学生来说，学好英语可以帮助自己与其他人更好地交流学习，还有益于拓宽文化视野、丰富思维方式，在全球化背景下开展跨文化交流，增强国家认同感和家国情怀，学会做人做事，成长为有文化修养和社会责任感的人，从而促进自身综合能力的发展。因此，教师非常有必要通过合适的教学方式，全方位、多层次地提升学生的英语核心素养，使其能够很好地适应当今世界的发展潮流。

二、理论基础

（一）人本主义教育理论

人本主义教育理论提倡完整人格的培养和整体发展以及人的自我实现主要依靠教育，并且学生是学习的主导者，教师只是学生学习过程中的伙伴和帮助者，二者之间是平等的关系。人本主义教育理论强化了课程应以人为本、学校应营造自由的学习氛围。

人本主义教育理论在英语阅读教学中得到了广泛的应用，其思想充分体现了新课程改革的价值。其在英语阅读教学中的应用可以体现在以下几个方面：人文精神可以促进学生个性和创造力的发展，人们学习是为了实现自我成就。教师应该培养学生的个性，激发他们的内在动机。学习在很大程度上可以说是学习者自己的活动，学生学习的时候不应该受到学习环境的影响与控制，而是应该自由、快乐地学习。因此，教师应提供与现实和课程相关的内容和环境，激发学生的内在动机，让学生自主进行探究性学习。

（二）全人教育理论

“全人”一词来源于拉丁文“holistic”，词根为希腊语“hold”，意指整体的宇宙。“全人”就是全面的人，即有自信、充满道德感和社会责任感、有正确的世界观与价值观的人。“全人发展”就是全面的人的发展，人的素质多层次、多方面和多样化地发展。全人教育是指在教学价值和教学模式上要充分发挥人的潜能，培养人的全面发展。目前培养全人受到国内外学者的高度重视。全人教育强调学习者可能具有各种各样的潜能，教学的目的是开发潜能。在教学原则上，教师必须尊重学习者的整体人格；在教学内容上，学习者应该调整认知、情感、文化、技术等方面的教学内容；在教学方法上，教师应该提供机会来发掘学习者的潜力，并考虑到思考、行动、合作和享受的过程；在教学组织方面，学校应该整合管理结构，为学生和教师提供教材。

全人教育理论与英语学科核心素养的思想内涵不谋而合，两者都是以学生的发展为主要任务，对课程教育教学实践的探索具有重要的理论指导意义。

（三）建构主义学习理论

建构主义认为，知识是学习者在一定的社会文化背景下，在教师和他人的帮助下，充分利用学习资源和意义建构而获得的。在建构主义学习环境下，教师的教学设计不仅要考虑学生有意义的问题情境的设置，还要注意学生情境的创设，因为情境创设是教学设计中非常重要的一部分。因此，在英语学科核心素质的指导下，教师的教学设计也应充分体现学生情境的创造。

建构主义认为教师是教学过程的指导者，学生是教学活动的主体。建构主义不仅强调学生的主体作用，还强调教师在教学过程中的指导作用。教师要意识到，学生才是认知的主体，要引导学生主动进行意义构建。同时，教师要充分尊重学生的主体地位，在以学科核心素养为指导的教学活动中发挥好帮助和引导作用。

（四）多元智能理论

人类智力至少可以分为八个范畴，只有正确认识智力的普遍性和多样性，才能使学生各方面能力的培养和发展具有同等的地位。将多元智能理论应用到英语教学中，教师可以采取多种方式和方法，如以某一智能为单元主体设计相关活动；教师在安排课程时，将智能目标纳入具体的单元教学。学生多元智能发展不平衡，教师在教学过程中应注意学生的个体差异，因材施教。教师还可以运用个性化学习、小组合作、课堂交流等多种教学组织形式，更好地促进学生多元智能的和谐发展。

英语学科的核心素养不仅包含语言知识和文化，还包含培养学生思维能力和学习能力的理论，它与多元智能理论有许多相同的特点，包括许多角度和方面。多元智能理论可以为英语学科核心素质的培养提供一个开放的平台，在这个平台上，教师可以实现民主、创新、和谐的个性化教学，满足学生个性化的学习需求，使每一个学生都能受益并获得最大的发展。这对英语教师提出了更高的要求，要求教师不仅要加强理论知识的学习，了解新的教育趋势，还要有全方位的意识和技能，以满足不同学生的需求。根据多元智能理论，教师应逐步培养学生的核心素养，构建多元化的课堂，采用多种评价方法促进学生的发展。

第二节 核心素养培养与英语教学有效性分析

一、核心素养培养

（一）高中英语课程标准的核心素养

核心素养教育从本质上来说是素质教育下的“全才教育”，实现了在素质教育基础上的进一步优化。因此，基于英语学科核心素养的高中英语教学策略也应从提升学生的英语语言能力、学习能力、思维品质以及文化意识四个方面进行分析。

1. 核心素养概述

核心素养的内涵具体来说有三个层次。第一，核心素养教育从一定程度上来说是素质教育下的“全才教育”，在注重德才并举的同时强化技能实训，从而让学生实现全面发展，这也是素质教育的根本要求。第二，核心素养教育是素质教育上的进一步优化，不仅继承了素质教育的教育理念，更结合英语教学的实际情况，克服了素质教育下教育因素难以控制的弊端。第三，对于英语教学来说，核心素养大致包括英语语言能力、学习能力、思维品质以及文化意识四个方面。

核心素养在高中英语教学中的落实，体现在对核心素养的全面理解上。从语言能力、学习能力、思维品质和文化意识四个维度对核心素养进行解读，有助于教师认识到这四个维度对学生英语学习的影响。在四个维度中，语言能力、学习能力与思维品质直接指向英语学习本身，而文化意识更多的是一种隐性的驱动力，是英语学科核心素养中最本质的一部分。

（1）语言能力

语言能力是掌握语言的能力，在高中英语教学中表现为英语语言的积累、熟练的语言技能以及语法知识。具体来说，听、说、读、写作为语言能力的综合体现，与核心素养强调的文化基础、自主发展和社会参与是吻合的。

英语教学本质上是为了培养学生运用英语的能力，而这个能力与纯粹的词汇记忆等并不是一回事。我们在理论学习与相关的实践中发现，当一个高中英语教师具有强烈的英语语言运用意识的时候，其课堂上就会表现出一种英语语言运用的自觉。这种自觉不只是纯粹的英语授课，更包括将语言当成一种基本的交流工具，具有与母语类似的意义。

（2）学习能力

在高中英语教学中，教师为了让学生学会学习，可以从情感与认知两个方面入手：情感努力是为了激发学生的学习动机，认知努力是为了让学生获得学习方法。这对于高中学生来说是一个较为有效的情感激活策略，因为只满足于表面的所谓兴趣激发往往是无长效的，而基于学生的认知基础并在理性责任驱动之下，学生往往更容易对所学内容产生学习动机。在此基础上，学习方法的指导应该主要从阅读入手，从语感形成角度施力，以学生的语用能力为学习能力形成与否的判断依据。

作为高中英语教师，需要意识到学习能力也是“关键能力”的重要组成部分，因此，在教学中不能只是“教英语”，还要坚持“用英语教”，这样可以培养学生的自信心（与核心素养中的“必备品格”具有一定的关系），进而增强学生的英语学习能力。

（3）思维品质

高中英语课程应特别注意提高学生用英语进行思维和表达的能力，这一要求从核心素养的角度来看，就是真正的“关键能力”，因为英语学习的关键就在于将英语作为思维的工具，而不只是记忆的对象。

英语学习更多的需要形象思维，并在此基础上形成良好的语言运用直觉，而语言运用直觉其实就是直觉思维，也是思维品质的重要组成部分。只有当学生在英语语言运用中能够直觉性地调用词汇、准确地运用语法的时候，我们才说思维品质是高的。

（4）文化意识

语言是文化的载体，学习英语的一个重要目的就是感知并领会英语文化。真正的文化不是文化知识的简单堆砌，而是在语言学习与运用的过程中，对风土人情、语言习惯、价值观确定的判断、理解、借鉴与吸纳。面向高中学生实施英语教学，英语文化的感知往往体现在文本的阅读与理解中。

英语作为一种文化载体，也需要站到一定的高度去理解。如前文所述，英语学习不只是英语词汇与语法的学习，对于高中学生来说，建立这样的认识，其实也是为学生的英语学习提供驱动力的一种努力，这种文化意识所产生的驱动力，往往更持续、更有效。

2. 高中学生英语核心素养的培养方法

所谓英语核心素养，主要是指学生通过英语课学习及自身的实践和认识活动，获得的与英语学科相关的基础知识、技能、情感、观念和品质等。可见，英语核心素养包含很多方面，高中教师在对学生的英语核心素养进行培养的过程中，要关注学生的英语基础知识。同时，还应该关注学生对英语这门学科的情感体验，使学生从情感上认识到学习英语的重要性，进而激发学生学习英语的兴趣。

我们的语言来源于我们的生活，最终也将运用于我们的生活。英语早已上升为一种国际性的语言，在现代生活中被人们广泛运用。为了适应国际化发展趋势，高中生必须加强英语学习。根据现在的社会形势，提升英语学习是我们这个新时期的必然趋势，而且英语素养的提升对提升我们国家教育水平也有很大的帮助。所以，培养高中学生的英语核心素养是非常必要的。在教学中培养学生英语素养的方法有很多，但教师必须在实践中找到一套最适合学生的教学方案。

（1）进行情境对话教学

我们学习语言的目的是与人沟通交流，让彼此能够明白自己表达的意思。在以前的应试教育中，教师只是教学生如何取得高分，如何才能进入更好的大学，根本没有重视学习英语真正的内涵是什么，反而把学习的真正意义本末倒置了，学生的英语核心素养也难以提升。因此，教师要摒弃这种错误的教学理念。英语是一门逐渐积累的科目，这门学科不是一两天就可以提升的，不是在短时间内背诵一些单词，学习一些语法就可以的，它需要在长期锻炼中才能得以提升。

虽然在高中三年的时间里，许多学生的英语成绩都得到了很大程度的提升，但是在实际生活里，我们发现很多学生的英语还停留在初中水平，他们实际运用知识的能力和核心素养并没有得到真正的提升，这就是应试教育的弊端。所以，教师要让学生把所学的知识学以致用，才是教学的重点。

（2）创造学习氛围

环境对一个人的影响是潜移默化的，在一个班级中有一个好的学习氛围，自然就会调动全班学生的学习动力，进而提升班级内全体学生的核心素养。人与人之间是相互影响的，我们的内心都希望自己很优秀，希望可以得到更多的关注，每个人内心都有不甘示弱的一面，都有嫉妒羡慕的心理。因为这些心理因素，可能会渐渐地改变我们原有的一些行为习惯或者兴趣爱好。在班级里，当学生看见周围的人都在学习或者都很优秀的时候，学生自己就会被他们的正能量所感染，他们也希望成为这样的人。为了能融入这样的环境或者团体里，他们会不自觉地去提升自己的能力，学习英语也是一样的。教师可以帮助学生创造学习英语的氛围，培养学生学习英语的兴趣，带动学生学习英语的欲望，培养学生的核心素养以及学习能力。例如，在早自习的时候，教师可以让学生进行单词、短文、作文的早读，还可以在每节课上课之前给学生放一首英文歌，或者在课下的时候通过投影仪给学生放一些很有趣的英文视频。学生在听英文歌曲时可以培养他们的听力，让他们在繁重的学习中得到短时间的休息和放松。通过娱乐的方式带动学生的学习欲望，使学生的英语学习不再局限于浅层次，而是可以对原汁原味的英语有进一步了解，并借此逐步提升自身的英语核心素养。

（3）开展英语唱歌比赛、写作比赛、对话比赛和演讲比赛

英语的教学是很枯燥的，但是教师可以自己添加一些有趣的因素，让学生在玩耍中愉快地学习。提升学生英语核心素养的教学方案是多种多样

的，其中，有趣的教学方案对于学生而言无疑是一种很好的方法。有趣的教学方法可以培养学生的学习兴趣。每个人在自己感兴趣的事情上都会很自觉地投入时间和精力，这样学生的核心素养就会逐步提升。

英语其实是一门开放性的学科，教学模式相对其他科目而言更为轻松简单。例如，在开学第一天上课的时候就告诉学生在期中会进行英语比赛，把比赛规则和比赛项目及内容告诉学生，然后让他们自己做好准备。教师可以开展各类有关英语的比赛，每个学生至少选择一种比赛。在期中的时候，教师可以在晚自习举行比赛，每堂课设置一个比赛项目，对每项比赛的前三名给予奖励。通过比赛竞争的方式来带动学生学习，可以充分激发学生的学习热情，培养学生的英语核心素养。

总而言之，高中英语教学不仅是为了应对升学而教，更重要的是为了培养学生的英语核心素养而教。如今的社会需要高素养的英语人才，需要的是那些口语交际能力很强，不只会“纸上谈兵”的人才，我们学习语言的目的就是方便与他人之间的交流。所以，高中教师应该以培养学生核心素养为己任，这样才能够为社会培养更多适应力更强、可塑性更大的人才。

3. 高中学生英语核心素养培养的途径

我国素质教育的目标之一是使学生具有初步的科学和人文素养。素养是知识、能力与态度的综合体。英语作为国际性语言，其重要性毋庸置疑，英语教育最重要的就是核心素养的培养。英语学习不再是如何说与怎么表达的问题，而是获取英语知识能力的素养。这说明我国的教育改革中，知识和技能本位的教育现状，正逐步开始向以育人为本的核心素养教育观念转变。同时，核心教育素养的课程标准也是21世纪国际教育界新的教育方向和目标，新课程标准还解答了中国教育要培养什么样的人才的问题。

（1）课程设置改革路径

高中英语课程由必修、选修Ⅰ、选修Ⅱ三类课程构成，在此基础上可以将高中英语核心素养培养设置成高中课程的递进关系。比如，在必修课程完成英语知识技能的学习后，在选修Ⅱ的课程中对国家课程和校本课程灵活设置，并将其分为基础课程、提高课程和实用拓展类课程三个方面。基础课程是针对必修学习基础较为薄弱的高中生继续进行英语基础知识的学习；提高课程是为那些对英语以及英语相关领域感兴趣的学生开设；实用拓展类课程则针对各种有兴趣和潜能的学生进行选修设计。课程设置可以采取“走班制”模式，比如，一些学生在高一年级提前达到高考水平后可以直接进行选修Ⅱ的提高类课程；对于中等水平的学生在高一、高二必修课开设基础上，达到高考水平后开展选修Ⅱ课程；对于基础薄弱的学生，为了提升其在英语学习中的兴趣，同时降低英语学习的难度，在高一阶段可以开始设选修Ⅱ的课程，高二、高三年级开设必修课。这种分节点梯度式的课程设置方式，有计划地对不同英语学习能力和水平的学生进行针对性的个性化教育。

（2）英语教材应用路径

高中英语教材是英语教学中既定的教学基础。因此，在严格遵从高中英语教材学习规定的前提下，为学生打下英语基础知识和技能训练的坚实基础后，可以大量采用英语国家的真实和生活化语言素材。这样既补足了原有英语教材中的欠缺，也能够激发学生的学习热情，而且那些常用的英语俚语、笑话以及有趣、有内涵的英文小短文等，对于帮助学生建立正确的价值观大有裨益。

（3）教师教育理念和教学行为的实施与改革路径

首先，教师教学行为付诸实践受到教育理念的深刻影响，因此，每一位英语教师都要研读英语课程关于核心素养培养的理念。由于不同的教师在理念理解上的深浅程度、侧重点不同，教师的教学方法和手段也千差万别。因此，教师要经常参加各类形式的培训，更有必要参加示范课、教学设计和课例研究等各种活动。通过互相学习、互相“取经”，将别人的优势转化为自己的教学行为。其次，高中生英语语言能力的听、说、读、写、思维判断、语篇评价等方面存在严重的不平衡。因此，教师有必要认真权衡英语授课中汉语和英语使用频率的时间分配关系，并着重于英语思维能力的核心素养培养，将这一能力的培养有意识地灌注到语法、单词等各种教学活动中，最终实现高中生英语核心素养培养的目标。

目前教育界已经普遍认识到学生学习到了什么知识不是最重要的，关键要使学生掌握学习的方法，并培育学生正确的价值观、人生观和世界观。因此，2017年的课程改革强调学科核心素养的培养。英语在世界范围内通用，其重要程度毋庸置疑，学生学好了英语，不但能够提升学习成绩，而且能够为将来的立身、立人奠定坚实的基础。因此，在新课改的背景下，英语教师深度理解英语核心素养培养的理念，并将之付诸实践，不仅是对学生的负责，也是对自身所从事的教育事业的一份贡献。

二、英语有效教学

（一）英语有效教学

当今英语教学中普遍存在“费时低效”现象，这使得英语教学质量出现了滑坡的迹象，这种尴尬现象的长期存在必然会导致英语教学的失败。因此，如何提高英语教学效率在我国外语教学界引发了越来越多的关注和思考。英语课堂应该是“以学为主，师生互动，教辅结合，优差并重”的课堂，应该是不同层次的学生均能获得提高的课堂。

1. 有效教学策略的含义

有效教学是运用一定的教学策略完成预定的教学目标，并获得预期效益的最优化，使学习者与传授者双方获得最大的进步与发展。有效教学的核心是通过教师切实有效的“教”，使学生获得切实有效的进步和发展。

有效教学策略是教师为了能够有效地促进学生发展，有效地实现预期的教学目标而采取的一整套教学行为的策划，是教师在教学实践中依据教学计划、学生的身心特点对教学规律、教学原则、教学模式、教学方法的一种变通性应用。

在综合前人有关有效教学研究成果的基础上，有效教学是指在遵循教学活动的客观规律的基础上，教师引导学生参与教学活动，以最少的时间、精力和物力投入促进学生在知识与技能方面的获得与发展，从而有效地实现预期的教学目标，满足社会和个人的教育需求。

2. 有效教学策略的实施

英语教学承担着把应试教育转到以素质教育为核心的教育轨道上的艰巨任务。因此，在英语教学中要突出素质教育，真正把学生的素质教育作为教育的重中之重。素质教育下的高中英语与应试教育下的高中英语有很大的不同，英语更重视学生听、说、读、写、译能力的综合运用与实践能力的提高，使学生的所学能与现实接轨，并学以致用。英语教学模式也发生了很大的改变，不再仅仅是教师在台上讲，学生在本上记，而是突破了过去应试教学的模式，通过教师安排各种活动来引导学生进行参与，这样让学生有了更多的自由空间。与此同时，课堂上很多时间由学生做主，使学生感受到学习英语的乐趣所在。

英语教师应在遵循现代外语教学理念、充分运用先进信息技术的基础上，注重为学生创造自主学习环境，强调个性化学习，全面培养学生的英语综合应用能力尤其是听、说能力，使他们在今后的工作和社会交往中能用英语有效地进行口头和书面的信息交流。

英语的教学与有效教学的关系可以说成是“有效的英语教学”。它是指在英语教学中，英语教师在遵循教学活动客观规律和在对英语教学内容系统讲解的基础上，以尽可能少的时间投入取得尽可能好的教学效果，使学生能够巩固所学知识，变被动地接受学习内容为主动地将英语知识与学习、生活、实践相结合，使学生通过学习获得有效的学习方法，并培养他们学习英语的积极性与主动性。

教学活动涉及多种因素，包括教师、学生、目的、课程、方法、环境和反馈等。以上因素都会影响教学效果，其中，教师与学生成为有效教学实现的两个重要因素。

英语有效教学的实现也就是有效英语教学的实现，不仅要求英语教师的专业知识功底扎实，还要求学生能够自觉主动地投入高校英语教学活动中。只有在两个方面因素都具备的前提下，英语的教学才能实现有效教学。

（1）教师方面

①给予学生人文关怀

每个人都渴望得到别人的认可和关心，因此，教师应先了解学生的特点，把英语教学与学生实际情况相结合，治标先治本，把学生心灵的门敲开，英语教学就会逐步显出成效。正所谓：“亲其师，信其道。”每个学生过生日时，教师可赠给他们一张生日卡，上面写着：Believe yourself！ Happy birthday to you! 上课时面带着微笑走进课堂，平等对待每个学生，主动与学生进行情感沟通。课中对学生的表现以表扬、鼓励为主，努力营造宽松、民主、和谐的教学氛围。

②激发学生英语学习动力，引导学生“爱学、自学、会学”

现代社会用人单位对学生口头、书面表达能力的要求越来越高，然而，由于学生学习习惯养成相对缺乏、主观努力程度不够、学习效果不好。因此，在教学中教师应从社会需要出发，注重情感教育，以教导学、以教助学、以教促学，要让学生真正“动”起来，发挥主体参与作用，变被动学习为主动学习，培养学生积极的学习态度。

③激发学生的主动性和创造力，调动学生积极参与课堂

互动参与教学法的基本要素是：尊重主体、激励导学、开发潜能、启迪创造。在这种教学法中，关键的是强调“参与”，即让学生“动”起来。在学习中，学生是主体，教学要充分发挥学生的主体地位，就应该让他们充分地“动”起来，即让学生动手、动脑、动口等。因为只有在“动”中，学生的思维、操作、语言、观察等能力才能得以充分提高。

互动参与中的“参与”昭示着教学不是教师教和学生学的机械相加，传统的教师教和学生学，将让位于师生互教互学，彼此形成一个真正的“学习共同体”。在这个共同体中，学生的教师和教师的学生不复存在，取而代之的是教师式学生和学生式教师。教师不再仅仅去教，也通过对话被教；学生在被教的同时也在教。对教学而言，交往意味着人人参与，意味着平等对话，意味着合作。

④创设真实情境，让学生在体验、实践中学习、提高

英语是一种语言交际工具，它不是教出来的，而是靠说出来的。脱口而出是验证英语学习是否有效的最高和唯一标准。为达到脱口而出的目的，必须创设适合的教学情境，加强课堂的有效练习。创设真实情境是让学生开口说的关键，也是最能调动学习积极性的方法。

⑤根据学生的实际学情，以教学大纲为基准，将教学目标定在学生的“最近发展区”

教师在备课时备教材固然很重要，但了解学生尤为重要。这就要求教师在备课的时候要充分考虑到学生的实际学情，从“学”的角度来设计教学内容。首先，教师应把教学难度降下来，从指导学生词汇学习、听说对话、句子结构、难度适当的阅读段落、练习册上的基础训练题入手。其次，要以教学大纲为基准，对教学内容予以适当的调整、增删、整合，在教学过程中通过示范、提问、暗示、帮助等有效的教学手段，以促进学生能够完成教学任务，更好地帮助学生顺利度过“最近发展区”，增强学生克服英语学习困难的勇气和信心，并体验到成功的喜悦和快乐，为以后的继续英语学习和能力拓展奠定基础。总之，教师要吃透学生、理解学生、不埋怨学生，开展有

效教学，重效果、重效率。

⑥整合教材，吃透教材

教师应采用立体化教材，整合各种社会资源，要改变过去单一地把课本作为主要学习资源的状况。因此，英语教师应根据所教学生的英语水平及专业倾向，深入研究教材，对其进行二次整合，尽量挖掘隐藏于教学内容之中的生活英语、职业英语及人文英语，让学生学有所得、学有所用、学有所悟。总之，教师要吃透教材，要用教材教，而不是教教材。

⑦教学进度服从教学效果，课堂注重学有所获

在实际教学中很多教师抱怨，如课文内容太多、课堂教学时间不足。很多教师觉得如果不进行逐词解释，总是不放心，怕考试考到但学生不知道。长期这种教育使学生丧失了思考和交际的能力。实际上教师应该改变观念，相信学生对语言的理解能力。我们在教学中应充分让学生在思考、交流和相互讨论等活动中不断提高对语言的理解和运用能力，让学生在做中学。

教学进度和学习效果不完全是一对矛盾的统一体。要提升英语课堂教学的有效性，英语教师还需自觉处理好授课进度和学生实际学习收获之间的关系。进度服从效果，看重学习所获。英语是一门实践性很强的语言学科，其水平的提高终究离不开学习者本人的反复领悟。教师的教永远是有限的，学生自觉主动地学才是无限的。在课堂教学全过程中教师真正应在乎的不是你最后教了多少，而是应该密切关注学生到底学到了什么、学到了多少、掌握了多少，关注学生是如何进行思考和学习的。共同坚持知识落实过程和知识在学生身上的内化，一步一个脚印，这样的教学效果才能经得起检验。

⑧教师分层教学，学生才能分得知识

教师要不断学习，提高自身的业务水平和教学能力，要解放思想，勇于创新，要针对不同教学训练内容、不同课型、不同班级学情，开发设计多种实用、高效、学生乐于参与的教学方法和训练活动途径。不能拿一种教学模式一套到底，要根据具体情况分层教学，学生才能习得知识。

教学理念是教师在教学实践中形成的关于教学的基本观点和根本看法以及在此基础上形成的相对稳定的思想和观念体系。它是教师在教学过程中逐渐学习并内化起来的，会直接影响教师教学的全过程，并在很大程度上决定学生的学习效果。作为英语教师，其教学理念适合与否直接影响高校英语

教学的质量。只有在全新理念的指导下，教师在英语教学中才能真正做到“以学生为中心”，学生的主体地位方可显现出来。比如，根据现有教材的内容，教师可以安排学生对所学内容通过表演的形式让学生感受到更多的乐趣，并且将学生分成小组，每个小组互相竞争、互相促进。新颖的课堂不仅使学生能乐有所学，还会极大地调动学生的积极性与主动性。

教师的教学效能感是教师在教学活动中对其能有效地完成教学工作、实现教学目标的一种能力的知觉与信念。教学效能感分为一般教育效能感和个人教学效能感两部分。一般教育效能感是指教师对教学活动中所遇到问题的一般看法与判断；个人教学效能感是指教师对自己的教学效果的认识与评价。提高教学效能感会使教师严格要求自己，不断提高教学与科研能力，以极大的工作热情投入到英语教学工作中去。因此，教学效能感是有效教学的重要保证。

英语是一种语言，最终目的是让人们利用它熟练地交流与交际。当学习者参与到特定的活动中并把他们现有的能力无限提高时，学习就会扩大化，此时，语言潜势就变成了语言能力。语言活动必然会激活学习者已有的知识结构和认知图式，学习者通过对自身知识的“重组”与“构建”，能促进所摄入的新信息与学习者已有的认知图式之间的连接、交融与整合，从而能加速语言信息的内化。因此，多种交际活动的设计既是对教师全面备课的一种有益补充，也是形象化展示教师备课过程的有效方法。除了以上方法之外，教师还可以在课堂教学中设计多种语境，如角色扮演、口语竞赛、话剧表演等，使学生将所学运用到生活当中，真正使英语成为学生交际的载体。

多媒体辅助英语教学主要是指通过各种媒体和技术的综合应用，对外语教与学的信息进行储藏、加工、传播和交流，从而达到外语教学与学习的最优化。

多媒体教学在英语教学中的运用可以扩展课堂教学过程中生动形象的背景介绍，将所学内容鲜活化、人物化，让学生直接领略英语教学过程的魅力。这样做不仅可以激发学生的学习兴趣、提高学生的学习效率，还可以在课堂教学中设置各种英语背景学习的相关语境与情境。时至今日，各种类型的英语教学方法层出不穷，这些都能够作为多媒体教学的延伸与扩展，诸如听说法、暗示法、整体动作反应法、密集式全浸入教学法等。

（2）学校方面

①改革备课制度，推行“两案”“两题”

我们过去实行的是个人备课基础上的集体备课制。但是大多数情况下，个人备课不深入，集体备课走形式，导致备课制度执行乏力。我们要改革备课制度，实行“三段备课制”，即个人备课——集体备课——个人再备课，在此基础上形成“两案”“两题”（教案和学案，检测题为必知必会的基本题和综合训练题）。

②加强教研组建设

学校的教务处要认真组织、加强督导，把“三段备课制”真正落到实处。从学习制度、备课制度、批改制度和教研制度四个方面来加强教研组制度建设，努力提高教师的整体素质。

③加强教师队伍的梯队建设

教师队伍的合理梯队不会自然形成，要有意识、有计划地去建设。一个优秀的教研组，它的教师队伍必然有一个合理的梯队结构。合理的梯队能把教研活动开展起来，也能组成稳定的“师徒对子”。学校要对教师有具体的梯队建设规划，要把教师排排队，要按照不同的梯度，有意识地进行指导和培养，也要为不同梯度的教师提供各种展示才干的平台，让教师经受锻炼，尽快成长。

④加强英语教学资源库建设

建立英语教学资源库是教研组的一项基本建设，也是学校教务处的基本工作。教学资源库包括课上、课后、考试使用的题库和经过筛选的教学参考资料（含影碟）、典型的案例分析、成功的精品课、公开课的实施方案、本组教师所总结的教学经验及撰写的有价值的论文、外地外校有参考价值的教学案例和教学经验、在教研组建设过程中积累的各种原始资料。

有效教学的提出与实施是英语教学方法改革的典范，一线英语教师务必不断学习先进的教育教学理念，锐意进取、勇于创新，在实践教学中不断探索新方法，总结新成果。总之，英语教学要求英语教师们要更新教学观念，结合不同专业班学生的实际学情，不断探索符合学生特点和教育特点的教学策略，从而更好地改进英语教学，提高英语教学质量。

第三节 英语教学策略选择与教学设计

一、教师提高自身对英语学科核心素养的认识

随着时代的不断进步，各种新的教育理念层出不穷，学生接触新知识、新发现的途径不断增加，这就对英语教师的教学能力提出了新的要求。只有教师不断学习并不断反思总结，才能适应社会的发展，尽可能地去满足学生的需求。所以教师在教学过程中要不断地去学习新知识、新方法，要随时关注教育热点问题，不断地用新的理论武器来武装自己。教师应当主动转变、自我更新，加强对英语学科核心素养的深度学习，主动了解语言能力、文化意识、思维品质、学习能力的具体内涵。在对学生英语学科核心素养的培养方面，教师应当正确看待学生，认识到学生是独立的个体，要正视学生发展的不平衡。这个不平衡不只是学生之间四项基本素养的不平衡发展，更是学生自身四项核心素养发展的不平衡，教师应当及时根据学生实际情况加以正确的引导，这不仅包括学生知识和能力的提升，还包括学生技能和情感的升华。

教师在英语课堂的授课过程中，一方面要注意给学生创造一个自由、民主的学习氛围，尊重学生的观点，多鼓励学生，善于发现每个学生身上的闪光点，尽可能地去提高学生学习的主动性和积极性；另一方面要帮助和引导学生，给学生预留思考与讨论的时间，采用多样的教学方式和教学方法将新知识传授给学生，让英语课堂真正变得生动有趣。

此外，教师在教学过程中一定要定期进行教学反思，教学反思是促进教师成长的一个非常有效的途径。美国心理学家波斯纳曾提出“经验 + 反思 = 成长”的教师成长公式。教师可以根据自己的教学日志、学生反馈或其他教师的听课评语等来总结自己教学的成功与不足之处，不断进行完善，从而提升自己的教学能力，以此来促进学生英语学科核心素养的提高。

二、促进学生英语技能平衡发展，提高学生语言能力

英语教师在培养学生的语言能力时，不光要关注学生的语音、词汇、语法等语言知识的掌握，还有听、说、读、写四项基本技能的培养，除此之外，

还包括对语篇的全面理解及语篇结构的分析和掌握。因此，教师在教学过程中要巧妙地将这些知识运用到英语课堂中去，借助各种各样的活动，将语言知识和语言技能更好地与英语语篇相结合。英语听和说的能力是学生运用英语与人沟通的最基本的技能，教师在平时的教学过程中应该多关注学生听说技能的发展情况。首先，教师在平时的上课过程中，应该尽可能地使用英语与学生交流，给学生创造一个良好的英语学习环境，帮助学生克服畏惧心理。其次，教师可以在课堂中组织一些小活动，如朗读比赛、角色扮演、课前小演讲等，给学生创造更多说的机会。最后，课后教师可以给学生推荐一些原汁原味的英文电影、歌曲等，提升学生对英语语音语调的把握情况。

英语语音、词汇、语法、句型等语言知识是英语课堂学习的重要内容，也是培养学生英语核心素养的基础。因此，在英语课堂中，教师应以英语语言知识为基础设计教学过程，旨在帮助学生综合掌握语言知识。在词汇教学部分，教师不能只是单纯地领读，应告诉学生音标的一些拼读规律以及重音、连读等知识，还应教给学生一些构词法的规律，如前缀、后缀等。长此以往，学生在今后的生活中碰见新的单词便能迎刃而解。关于语法教学，教师可以采用情境教学法，将语法教学变得更加灵活，而不是单纯地讲解语法知识点。教师可以将语音、词汇、语法等语言知识及语言技能运用到语篇、语境中进行教学，让学生切实感知语言的魅力，切实培养学生对语言能力的掌握。

三、提高学生跨文化能力，培养学生文化意识

文化学习可以有效地促进语言知识的学习，文化是语言的载体，语言是文化的一种独特的表现形式，语言和文化相辅相成。因此，教师在日常教学过程中应注意给学生渗透文化知识，逐渐培养学生的跨文化交际能力。在课堂中，教师可以结合教学内容找一些有趣的、贴合学生实际生活的文化知识，以音乐、图片、视频等形式展示给学生，也可以将中国文化与外国文化进行对比，让学生更清楚其中的差异。教师还可以创设一些情境，让学生用英语进行交流，从而培养学生的跨文化交际意识与能力。

在有条件的学校中，教师可以邀请外教走进课堂，让学生真实地感受英语的语言环境。教师在平时的教学过程中要不断思考如何才能将学过的知识灵活地运用到实践中去，以此来培养学生的跨文化交际能力。

四、鼓励学生积极思考，培养学生思维品质

思维活动是学生在学习过程中进行的一种十分抽象的活动。思维品质与学生的创造能力有着不可分割的联系，思维品质的提升能够有效地促进学生语言能力、文化意识和学习能力的提高。因此，教师在日常的英语教学中应关注如何才能培养学生的思维品质。首先应从教学设计入手，教师在备课过程中应考虑各个教学环节可以通过什么方式来完成，通过什么样的方式才能更好地促进学生去思考、去表达、去质疑，以及创造怎样的教学环境才能使学生勇敢说出自己的看法，教师应以怎样的态度去面对学生所提出的与众不同的问题或想法。教师在教学中可以采用多种多样的教学方式方法来提高学生思维品质，如采用思维导图的方式。教师还应该多设置主观性习题，在给予正确的引导下鼓励学生发散思维，大胆质疑、畅所欲言。充分发挥学生在课堂中的主体性作用，与人本主义理论中以学生为中心的教育观点十分符合，这能够让学生感受到自己的想法可以得到教师的认可，从而更加积极地融入课堂活动中去。教师还应该引导学生自己去发现问题，锻炼学生的观察力。教师在给学生提出问题后应给学生留出尽可能多的思考时间，让学生形成不盲从、善于沟通、敢于挑战的好习惯。教师还可以根据学生的实际学习情况，创设具有挑战性的问题，从而锻炼学生的思维能力，达到培养能力、增长智力的目的。

在以英语学科核心素养为导向的新课程改革下，教师在讲课过程中可以灵活采取思维导图的方式来培养学生的思维逻辑性、批判性和创造性。

五、培养学生学习策略，提高学生学习能力

在高中英语课堂中，教师不仅是语言知识的传授者，也是学生学习的指导者。学生作为课堂的中心，教师应该意识到每个学生都是独立的个体，教师作为学生学习的引导者，应先让学生对英语学习感兴趣，明白英语学习的实用性和重要性，接着让学生学会对自己的学习负责，养成符合自己的学习方法与策略。可以让学生制定自己的小目标，随着一个一个小目标的达成，可以让学生体会到成就感，从而激发学生学习动力；还可以让学生制订自己的学习计划，教师在这个过程中可以加以指导，帮助每个学生制订切合实际的计划，不让学习计划过易达成或过难达成。在实施过程中，教师要多监督、多鼓励学生，锻炼学生的意志力，让学生监控自己的学习，最终让学生明白

怎样学习、如何学习或如何有策略地进行学习。

比如，在高中英语写作的教学过程中，教师可以先让学生写出自己的写作提纲，明确自己写作的结构、要点、步骤和方法，并且预估自己文章可能达到的长度；初稿完成后可以采取自查或同伴互查的方式来修改文中所出现的错误，改进文中部分表达方式；教师批阅后指导学生再次纠正错误并调整思路。通过这样一个教学过程，学生可以在教师的指导下将原本一个大的学习任务拆成一步一步可以达成的小目标，让学生不会在心理上觉得畏惧，并且在这个过程中让学生掌握自主学习与监控的能力。学生在本次学习活动的初期可以体验任务的难易程度以及对任务的熟悉度，激活自己大脑中原有的知识；活动中期，体验任务进展情况，进行评估与反思；活动后期，分析是否达到预期目标。

总之，在当今世界以培养具备终身学习能力的人的教育目标之下，“核心素养”已经成为许多国家的教育方向，中国也已将其作为新课程改革的重心。作为高中英语教师，应该紧随时代发展的潮流，不断探究有效的教学策略，全方位、多层次地培养学生的语言能力、文化意识、思维品质和学习能力，提升学生的英语核心素养，使其能够更好地适应当今世界的发展潮流。

第二章 核心素养理念下的高中英语课堂教学

第一节 高中英语教学课堂提问

一、高中英语教学课堂提问调查方式与过程

（一）高中英语教学课堂提问调查方式

高中英语教学课堂提问调查主要采用课堂观察、问卷调查、师生访谈的方法进行研究，具体操作如下。

1. 课堂观察

在调查中，采用课堂观察是记录教师英语课堂提问方式的首要研究方法。使用课堂观察，主要是基于以下两个方面考虑。

一方面，课堂观察作为数据收集是课堂过程研究的重要手段，研究者可以用它来研究课堂的语言学习和教学过程，也可以对教师和学生的行为进行分析。

另一方面，课堂观察可以对进行中的现象进行研究，通过课堂观察可以在众多课堂变量中近距离地观察一种现象，这对于研究语言行为很重要。

2. 问卷调查

鉴于课堂观察不足以全面反映教师所用提问策略对师生互动的影响，因此采用问卷调查作为辅助手段。

3. 师生访谈

利用课间与开课教师及听课学生进行交流和交换意见；利用课余的时间与调查学校的学生进行座谈；利用教研组和备课组会议的时候进行访谈。在座谈和访谈的时候，尽量营造轻松愉快的氛围，从而得到更为丰富和真实的信息。

（二）高中英语教学课堂提问调查基本过程

1. 收集数据

为了更进一步了解教师对于高中英语课堂提问的认知以及他们在课堂上所提问题的情况，可以对作为研究对象的授课教师进行访谈。访谈采取的是“一对一”面谈的形式，教师能够如实地表达自己的观点。

2. 数据分析

数据分析是指为理解所收集的各种数据，对其进行重新组织、解释。数据分析的方法选择取决于研究目的、研究方法和数据类型。随着每一步研究的推进，数据的分析也在持续进行。通过课堂记录和访谈记录对课堂进程中的各种问题进行分析，同时，分析收集起来的各种数据，通过分类、画表格等形式来论证观点。

二、高中英语课堂教学中的提问原则与策略

（一）高中英语课堂教学的提问原则

高中英语课程的任务是激发和培养学生学习英语的兴趣，使学生树立自信心，养成良好的学习习惯和形成有效的学习策略，发展自主学习的能力和合作精神，培养学生的观察、记忆、思维、想象能力和创新精神。高效率的课堂提问能使学生的课堂学习事半功倍，不恰当的提问则会让学生失去信心，产生厌学的情绪。因此，基于对高中课堂提问的观察和探究，提出以下三个原则。

1. 科学性原则

教师要认真备课，把握课文的教学目标和大纲要求，问题的设计要科学合理，符合课文的重点难点，发挥出提问应有的作用。与此同时，所提的问题要适应学生的身心发展特点和认知水平，充分体现学生的主体地位，由浅入深，循序渐进。开始的时候可以提出一些引起学生注意和兴趣的中低难度的问题，然后根据具体情况逐步提高问题的难度。教师问题的设计与其说是在备教材，不如说是在备学生。对于不同层次的学生需要有的放矢地设计问题，如知识理解的启发性问题、触类旁通的发散性问题、归纳总结的聚合性问题、温故而知新的复习性问题等。

2. 全面性原则

素质教育要求教师面向全体学生，使每一个学生都得到教育和发展。

因此，提问不可以出现受到冷落和遗忘的角落。课堂不是个别学生表演的舞台，不能只满足个别学生的求知欲望。有的教师存在偏爱自己喜爱的学生或青睐成绩好的学生，忽视后进生等行为，这些都是不可取的。教师要因材施教，多提一些让全体学生都可以答上来的问题，让后进生也可以享受回答问题的乐趣和成就感。针对程度相对好的学生可以把问题设计得有层次感，在浅层问题的基础上继续追问，让学生深度思考下去。一个层次的学生的输出可以作为下一层次的学生的输入，从而才有可能在教学过程中真正实现面向全体学生。

3. 双边性原则

英语课堂是一个师生互动、彼此沟通、相互尊重的双边活动。教师不可以在课堂上唱“独角戏”。提问不仅是教师的特权，也是学生参与课堂的一种方式。教师不但要通过提问、追问、纠正、启发、评价等引导学生思考，而且要引导学生大胆地进行角色转换，让学生有质疑的权利，提出问题并尝试解决问题。除了教师向学生提问外，学生也可以向教师发问，学生之间也可以互问。通过这样的角色互换，学生会用英语的思维去思考问题，创造性思维能力才有发展和培养的可能。英语课堂活动才能成为真正意义上的双边行为，甚至是多边行为。

（二）高中英语课堂教学的提问策略

1. 合理安排展示性与参考性问题的比例

教师为了考查对旧知识的掌握和新知识的理解，课堂提问多数是展示性的，展示性问题的答案一般都可以直接被学生找到。但是学生回答这样的问题对思维的开发和训练显然是不够的，因此，教师应在课堂中根据学生的实际情况，不断地调整参考性问题的比例。

（1）对于后进生，教师可以设计一些记忆性的问题，如知识概念的记忆、原理公式的理解，要求学生就一些简单的知识进行分类和对比。但提问时要注意，简单问题的使用频率不宜过高，因为这类问题都是浅层的理解，学生学会后忘记得比较快。对于中等生，占班级绝大多数的学生，教师要选取能提高班级整体水平的有效问题，要把握好问题的难度，多问一些特殊疑问句式的问题；对于优等生，教师的提问要以灵活运用知识为目的，培养学生运用知识解决问题的能力，为难题做好铺垫，更深层次地挖掘学生的理解能力。

（2）有些教师选择展示性问题的原因与其自身的综合素质有关，尤其与教师的课堂把控能力的高低有关。因为参考性问题的答案是开放性的，学生会说出各种各样的答案。有些教师由于自身专业水平有限，很难掌控课堂，很难准确地评估学生的答案，更不能自如地指导学生进行进一步的讨论，所以，提高教师的综合素质是改变课堂提问类型不合理比例的最根本方法。

（3）教师的观念需要改变。语言技能是语言运用能力的重要组成部分，包括听、说、读、写四个方面的技能以及这四种技能的综合运用能力。有效的课堂提问可以帮助提高学生的听力和口语表达能力，教师需要有提问意识，更要改变传统的提问观念，培养学生全面的英语运用能力。

2. 依据具体情况把握候答时间

展示性问题候答时间相对较短，而参考性问题候答时间相对长。教师要充分了解学生的水平和能力，如果候答时间给少了，没有给足学生思考的时间和空间，就会造成学生心理上的紧张和不安，以致无法专心地思考问题，而是担心自己回答不上问题，从而降低了课堂提问的有效性；反之，候答时间给多了，不但浪费课堂的宝贵时间，让已经知道答案的学生觉得上课没有挑战性，不能激发他们的学习动力。因此，教师就要在课前充分精心地备课，对于问题的类型、层次都要做到了如指掌，不仅要备教材，更要备学生，这样才可以有意识地掌握候答的时间。难度高的题目教师要给足候答时间，让学生充分思考问题，有足够的时间去回忆、联想、组织语言。难度中低的题目就可以节省上课的时间，少留一些候答时间。同时，教师根据学生的认知水平、反应速度、性格等方面的不同，对不同的学生设计安排不同的候答时间。

3. 提问要兼顾每一层次的学生

课堂提问应该坚持全面发展与因材施教相结合的原则。大多数的教师都喜欢采用齐答的方式，有些教师为了上课进度，专挑优等生回答问题。课堂提问的目的是检测学生对知识的掌握程度，排名靠前的学生其实不提问也知道他们知识掌握的情况，而排名靠后的学生是最需要上课被提问，接受检查的。但是这些学生处于被动的地位，没有得到教师的重视。时间长了，后进生对上课不发言也习以为常。这样一来，最需要考查的学生一直都没有得到有效的检测，教学中存在的问题无法被发现，更无从得到解决了。

高中英语课程的必修课是为每一个高中学生奠定终身发展的共同基础

的课程，因此，高中英语课程的教育教学要面向全体学生。但是由于学生的个体差异性，高中英语课程的教学设计要以学生的生理和心理特点为前提，对不同的学生采用不同的方法和手段。只有尊重学生的差异并满足不同学生的不同学习需求，才能真正实现因材施教，为学生的可持续发展奠定共同基础。

4. 了解学生并进行反馈

教师对学生评价的单一性极大地降低了学生学习的积极性，并影响了课堂的有效性。学生希望得到教师的表扬和肯定，需要得到教师的认可，也需要得到同学们的认可。回答错误的学生也不希望听到教师的批评和责备。如果教师不会巧妙地进行反馈，准确地纠正和鼓励，会伤害到学生的自尊心。因此，教师要学会用适当方式做得当的反馈，保证学生在反馈中得到最大限度的认可、鼓励和信任。教师对于回答正确的学生，要表示肯定，可以使用各种肢体语言，如点头、竖大拇指等。

教师要及时地给予学生表扬和肯定，尽量不要使用笼统的表扬，最好说出具体哪里值得表扬。当学生的回答和你心里的标准答案有差距的时候，教师不可以着急，要循循善诱，给学生一些提示和铺垫，降低问题的难度或追加几个问题，促使学生再次进行思考。当学生没有十足的把握回答对问题的时候，心中充满了不自信和担心。这时教师要鼓励学生大胆地回答，不要害怕犯错误，让学生用想象和预测的方法来回答问题。有些学生心里清楚答案，但是表达能力不够，教师应帮助他们，只要他们说对一点，教师就要抓住机会给予肯定，让他们在回答问题时感到有成就感，从而在不断的尝试中取得进步。

5. 提高教师的提问意识

一些教师的提问很随意，目的性不是很强，这就体现出了一些教师课前准备不充分。教师应精心设计和准备课堂上的每一个问题，明确每一个问题的目的和作用。不但是备问题，也是备学生，对于每一个不同水平、不同性格、不同知识储备的学生，教师要想好每个问题的应答及应对突发事件的办法。针对不同的课型，教师也要有明确的目的以及期待的结果。课堂教学不仅仅停留在教师的提问上，更要让学生学会自己提问，学生和学生之间学会相互提问。这就对教师提出了更高的要求和挑战，从而不得不促进教师加强对自身素质的发展，不断提高自己的教学水平和英语运用水平。

第二节 高中英语高效课堂教学

一、高效课堂的教学模式

“高效课堂”从本质上分析应该属于“有效课堂”的一种。有效性是课堂教学最基本的原则，而在这个基础上更高层次的要求就是“高效课堂”。高效课堂就是在教育教学中尽一切所能，最大限度地发挥课堂的功能和作用，在规定的课堂有效时间内实现教学目标，实现教学过程最优化和教学效果最大化。

（一）新授课教学模式

新授课教学模式，即“自学—合作—展示—反馈”教学流程模式。

1. 自学：以学案作为指导，引导学生自学

学生进行自学的方式通常有两种：一种是学生先要理解学案学习目标，然后以学案内容为指导，对教材的知识和内容进行研究。学生自学过程中，要对学习中存在的问题予以标记；另一种是学生通过探究性学习来学习教材，学生从导学案的问题出发，分析教材或者进行试验，对其中出现的各种情况进行记录和分析，通过自身研究归纳解答导学案中的问题。

教师应该因材施教、因势利导，帮助学生根据学案提供的方法和要求来自我确定学习的目标、重难点以及方式方法。通过听、说、读、写等方式完成语言信息的输入和输出。在学生自学过程中，教师要注意观察和督促学生，促使其形成良好的习惯，提高学习效率。学生要敢于放开来学，积极思考，大胆发现，反复质疑推敲。预习任务包括下节课要学习的内容、下节课的重点以及注意问题等。

2. 合作：组内交流

在学生完成了预习和自学后，肯定或多或少有一些疑难问题，此时，个体学习就要转到小组合作。在小组内，每个人都把自己的疑难问题说出来，一一讨论交流，合作探究，各个击破。

3. 展示：展示点评

每个小组都选出代表展示本组的学习成果，然后进行交叉点评，纠正

错误，加深理解，在需要的时候由教师点拨。

4. 反馈：课堂考试，发现问题

教师可以根据课堂学习的内容，对学生接受程度进行考试，学生完成解答后，可以对照教师给出的标准答案进行小组间的沟通和交流，并且对出现的问题进行统计，通过学生的自我检查和改正，将学习的方法、错误的原因进行集体研究，并将研究的成果在全体学生中进行公示。整个环节至关重要，是整堂课的升华。如何在几分钟内让学生把对本节内容的掌握程度完整真实地展现在教师面前，这需要教师在英语题上下大功夫。要让每一个练习题都起到作用，因此应该由浅显到深入、由简单到复杂逐步提高，既要注意强调基础，还要重难点突出。

（二）讲评课教学模式

讲评课教学模式，即“自纠—合作—展示—反馈”教学流程模式。

1. 自纠：给出答案，进行自我改正

教师根据考试的情况，适当地点评并且给出标准答案，鼓励学生进行自我学习，找出自身存在的不足之处，之后教师要将学生自纠中发现的错误进行总结，然后进行公示。

2. 合作：分析错误，小组讨论

在小组内相互探讨和分析错误，找到错误的原因并纠正错误。

3. 展示：解释错误，给出修改后的参考答案

根据不同小组的讨论结果进行展示，教师应该从发现错误到改正错误的整个过程中发现学生存在的问题并进行总结。

4. 反馈：当堂检测，及时反馈

对学生易错的内容再进行检测，对其中的重难点再予以强调和总结。在练习和试卷讲评之后，学生还应该建立“错题集”，积累起针对每个人学习过程中各异的易错易混之处，以便学生在下次考试前有的放矢及时复习，真正把知识点落到实处。

（三）复习课教学模式

复习课教学模式，即“自补—合作—展示—反馈”教学流程模式。

1. 自补：学生自学，发现自己的不足和存在的问题并加以克服

这个自补的过程可以与教师对上堂课的内容进行提问的方式相结合，

在这个过程中，不仅要寻找自身学习遗漏的地方，也要通过问题的解答对学习过的内容进行复习。

2. 合作：小组讨论，优化学案内容

自主复习之后，应该以小组为单位交流学习中的体验，然后根据交流来补充完善自身学案并总结共同问题，对于不能够解决的要寻求教师的帮助。

3. 展示：成果点评，解决问题

每个小组可以对自己复习过程中新获取的知识以及尚未解决的问题进行公开展示，然后通过其他小组的点评和解答，提高学习效率。最终，教师要将知识进行总结，形成知识点。

4. 反馈：及时考试，发现问题

根据学生学习的内容进行检测，通过学生之间的讨论和沟通，来发现难题，并迅速解决。教师要将这些问题进行总结，然后公开展示。

二、英语教师在高效课堂中的角色定位

（一）学生学习活动的参与者和合作者

构建高效课堂，英语教师要转换角色，丢掉传统的授课方式，积极发挥学生的积极能动性和学习热情，不能够让学生作为被动接受的主体来进行学习。但是教师也不能够忽视自身在授课中的重要作用，对于学生遇到的问题不能视而不见、置之不理，而是予以指导和帮助。教师应该时刻与学生保持沟通，作为学生学习活动的参与者与学生共同讨论，通过发表意见的方式来传递正确的知识。另外，教师还应该对学生学习的整个过程进行关注，及时发现问题并给予帮助，有效践行教学相长的理念。

（二）学生学习活动的组织者

当前，课堂教育应该重视自主式学习和探究式学习的贯彻。因此，构建高效课堂，应该将自学、探究与合作作为重点的原则。要保证过程学习中学生是自觉主动的，但是这种学习必然需要教师的正确引导。

首先，教师要引导学生形成学习小组，及时了解学生情况，通过小组共同学习的方式来提高学习效率。这个过程中，教师应该及时发现问题并给予帮助。

其次，教师要充分地收集各种学习资料和知识，不能仅仅局限于教材的内容，而是应该收集网络资源等信息，拓展学生的知识面，提高学生自学

的能力。另外，教师必须对资源进行整合，以实现知识学习的目的，在这个过程中，教师是学生学习的导演，应对学生进行指导和帮助，而不是学习中的演员。

（三）学生学习活动的引导者

在英语课堂教学开始之前，教师应该根据教材内容及学生的具体情况设计导学方案，明确学生在学习过程中应该关注的内容、最终实现的目标，并利用问题，带领学生去学习和理解。在具体实践操作中，学生要使用什么样的方法，教师不能够过多地干涉。在高效课堂中，教师是引导者，这种引导是随时随地的，而且要隐藏在学生自主学习过程中，具体分为以下几种情况。

1. 学有所惑

学生通过学习来解答自身的困惑，学生在学习过程中发现了不理解的地方，教师要及时进行帮助和引导，通过疑问来调动学生的兴趣，让学生从疑问中获得新知，达到掌握知识和提高能力的目的。

2. 学有所阻

学习不是一蹴而就的，而是从点到面最终形成整个系统的过程。在这个过程中，学生必然会遇到各种问题阻碍学习的进程，一旦学生遇到问题而无法通过自身能力来解决时，教师就应该进行及时的帮助。

3. 学有所偏

学生在学习过程中，很容易受到自己以往经验的影响，教师应该在尊重学生理解的同时，及时地引导学生理解不当之处。

4. 学有所限

受到自身能力的影响，学生思维经常会被局限，教师应该根据学生的学习内容和特点对学生的思维进行启发，学生的创新应该受到鼓励，实践应该得到支持，从生活中、从实践中，视野范围可以得到拓展。高效课堂中，虽然学生处于主体地位，主动权应该在于学生，但是教师的主导作用也不能缺失。适时的引导和点拨往往让人茅塞顿开，两者缺一不可。

三、教学对象在英语高效课堂中的角色定位

高效课堂应该引导学生转变角色定位，改变学生过去习惯性的学习模式，引导学生主动理解知识，探索疑难问题，发挥出学生的创造性。

（一）学生是自主学习的实施者

学生愿意自觉主动去学习是学习的前提条件，因此对学生来说，自主学习就是最好的方式。在学习过程中，教师应该对学生学习的自主性给予尊重，鼓励学生大胆创造和设疑，让学生自己来选择通过哪种方式学习，通过自主性来调动学习的热情。

（二）学生是合作学习的参与者

学生通过合作来进行学习，能够有效避免教师在教学中无法解决的面面俱到的问题，改变学生始终被动学习的现状。只要学生愿意参与到讨论活动中去，他们就是处于学习新知的过程。只要学生在讨论，就有可能获得别人的知识，补充自己知识的不足，并且通过竞争合作，在团队中实现学习。通过交流，让每个学生都能增长知识，感受到学习的快乐。

（三）学生是探究式学习的受益者

探究式学习是学生在学习中，抛开教师的控制，自主地发现并解决疑难问题的过程和方式。在这种学习模式中，学生自己能够通过发现并解决问题来获得知识，培养探索精神，并且在合作中能够扩展视野和思维面，对学生成长起重大作用。

四、高中英语高效课堂的具体策略

社会发展的新形势以及课改的新要求都明确了学生参与学习的主人翁地位，课堂教学应该让学生广泛地参与，锻炼学生实际应用能力。社会在进步，教育在发展。在经济全球化飞速发展的今天，高中生在未来的发展中离不开英语的口头和书面交流。社会实践证明，高中生实际应用语言的技能是高中生能否顺利就业的重要前提之一。可见，高中英语教师在教育教学实践中，创设有助于学生参与英语听、说、读、写过程的学习模式的重要性。因此，高中在英语学习中，要设置与学生学习需求统一的教学内容和方式，让学生能够参与到英语实践活动中，提高学生英语课堂中的参与度，通过自主、探究、合作的高效课堂模式，调动学生积极性，激发学生学习英语的动机，让学生通过感受到“我要学”和“我会学”带来的成就感和快乐感，全面提升学生对于英语的综合运用能力，为学生就业和求学奠定基础。

（一）创设有利于学生参与教学过程的情境

建构主义认为，学习过程就是于各种情境的练习过程，因而在学习中，应该将学习的内容和与其符合的环境结合在一起，通过构建虚拟环境来实现学习。课堂教学效果的高低离不开情境的作用，因此，在英语教学中，善于运用情境的作用，能够调动学生在合作和探究中的动机，让学习更加有乐趣。

1. 游戏化情境

通过对英语教学的实践调查发现，学习英语效果最好的时机是学生感觉对英语有兴趣，希望使用英语的时候。教学实践也表明，只有学生拥有学习的热情，愿意参与到教学活动中，才能迅速反应并且主动学习。运用游戏能创设轻松的课堂氛围，点燃学生激情，激发欲望。

2. 活动情境

为了能让学生感兴趣，教师要充分利用各种教学资源，为学生营造轻松有趣的课堂环境。通过与学生实际生活联系密切的话题来吸引学生，调动学生的兴趣，让学生在自己的表达和讲解中不知不觉体会到英语的乐趣，提高自己的英语听、说、读、写能力，英语课堂教学也必然是高效的。

3. 仿真情境

当前，科技进步让教学活动能够应用的工具和设备逐渐增多，教学中的图片和动画等手段在表达方面的效果更好。相比传统的教学方式，新的工具在教学中能够实现更多的效果，如情境的模拟等。

4. 音乐情境

音乐能够提高学习效率和学习效果，因为音乐能够让人感觉到兴奋，而人在兴奋状态下的学习能力是非常强的。例如，在教学过程中，可以通过学生喜欢的英语歌曲来配合讲解各种句型，还可以让学生尝试替换歌词，通过这种方式来缓解沉重的学习压力，让学生通过快乐学习就能够掌握知识点。另外，还可以充分利用英文歌曲来帮助学生识记单词。有的学生对记单词不感兴趣，但是对歌曲兴趣浓厚，还能提高听力。这样，学生有了学习的欲望，有了好奇心，才会真正地愿意理解英语的知识点的作用，而且教学的氛围也能够促进学生对英语进行主动学习。

（二）设计符合学生兴趣的教学流程

教学不应该只是教师在讲解，学生在听和记笔记，更要有师生交流的环节，这样才能实现师生的共同进步。师生通过交流来锻炼学生开口说英语的能力，培养学生用英语表达自己的信心，让学生能够通过英语来沟通和合作，这种沟通是英语课堂实现教学高效的重要途径。为此，高中教师应有效组织引导学生运用新知识畅通无阻地进行语言表达，提高语言能力。

1. 采用灵活的教学机制

高中学校强调融“教、学、做”为一体的教学理念，作为一线的高中英语教师，既有帮助学生愉悦地接受英语知识的义务，也有通过组织学生参与英语教学活动来掌握语言技能、技巧的责任。因此，高中英语教师要善于采用随机应变的机制，给学生提供展示自己的舞台。例如，在学生犯了错误的时候，可以通过幽默的英语玩笑来化解尴尬，这时候的英语表达能够迅速被学生捕捉并理解，而且记忆深刻。

2. 实现师生互动

课堂教学只有实现师生互动，才能够提高该过程的效果和效率。语言有很强的交际性，所以学生只有在互动过程中才能提高语言交际能力。因此，在教学实践中，教师要以应用为导向，本着实用、够用的原则，从学生的实际出发，千方百计为学习者的语言交际活动构建平台，为学生语言应用搭桥铺路。根据现实情况，让师生重视学习、应用新的知识，在提高交流能力的同时，提高课堂教学的效果。

3. 及时的教学评价

在课堂中，教师应该对学生的精彩表现予以肯定、表扬，尤其是当着其他同学的面表扬，对学生的激励作用是不可小觑的。表扬和鼓励会深刻影响学生今后的发展，甚至贯穿其整个人生。通过这样的方式能够有效增强学生学习和应用英语的能力，让学生不断地创新和学习。

（三）开展符合学生兴趣的教学活动

高中教师应顺应发展，整合教学资源，密切结合课堂教学与学生的好奇心，以学生的实际需求为出发点，组织丰富多彩的教学活动。如实训教学活动、听力训练活动、阅读教学活动等。科学、有效地组织是提高教学质量的重要途径。

1. 英语实训教学

充分发挥一门语言的交际能力，这是对应用型人才最起码的要求。这就要求高中英语教师在英语教育教学实践中要充分利用实训基地、实训室、实训软件、多媒体等教学设施，加大实践实训课时比例，培养学生英语应用的能力。例如，学生大量接触和体验各类英文书信和邮件，那么在涉及书信和邮件这一类任务的时候，学生阅读理解以及书面表达水平自然会不断地提高。目前很多学校及企业在沟通和学习中，都是全英文的，很多学生对于很多词汇无法实现灵活的转化和应用。在教学中教师应该增加学生英语学习的实训比重，让学生真正参与到相应的实践和沟通环境中，实现知识的迁移，学习的效果也将得到极大的增强。

2. 英语听力训练

在英语学习过程中，最基本的四个项目是听、说、读、写。听是首要的，因为听不懂就没有表达的可能，所以听力是非常重要的。听对于英语学习有着的重要意义。网络是现在很大一部分学生为之疯狂的东西，其实，网络也是对学习非常有帮助的工具，尤其是对于一门外语的学习，网络可以起到极大的辅助作用。网络上面存在非常多的听力资源，学生也具备了一定的上网能力，因此在英语教学中，教师可以通过网络资源来培养学生的听力水平，将网络资源与书本相结合，构建学生听力练习的广阔平台。

3. 英语阅读教学

由于国际交往日益频繁，国际投资规模越来越大，中国与世界的联系更为紧密。阅读是了解国外信息、认识外部世界的有效途径，只有不断提高英语阅读水平，才能真正融入世界。在英语教学进程中，既要让学生学到知识，又要提高他们的英语应用能力。高中学校的英语教师无法向学生传授所有可能用到的知识，因此，培养学生的学习能力非常关键。

（四）建设自主、合作、探究式英语高效课堂模式

任何一门学科的学习，课堂的意义都举足轻重，因此，教师应该充分利用课堂来引导学生自主学习。比如，在课文学习过程中，可以让学生分别扮演主人和客人进行实战演练。

这样的教学形式不仅能够活跃课堂气氛，而且很自然地让学生通过提问来进入学习的场景，迅速全面地抓住需要掌握的内容。另外，还可以根据学生的兴趣，设计各种对话和讨论活动，让学生进行英语沟通。

第三节 高中英语教师教学方式与师生互动

一、高中英语教师教学方式

（一）高中英语教学方式的特性与类别

英语教学分为本体、实践和方法三大层次，各个层次都有自己特殊的研究目标和内容，那么对英语教学方式的研究，就贯穿于这三大层次之中，它既包括教学的主客体与课堂教学实践，涉及教学的条件与方法，即教师、学生、课堂教学、教学环境等。所以，从这个意义上来讲，高中英语教学方式可谓是貌似抽象实则具体、初看狭窄凝视深广、始观简单细究繁复的研究领域。

在英语中，人们较为接受流行英语教法或教学法或教学方法的提法，少有英语教学方式之称。英语教学方式就是以系统性、程序性、组织性为基础进行语言教授的方式和方法，即以何种方式组织实施语言教学，实现较佳教学效果，它不仅关注英语语言及英语语言学习的本质特点，关注英语教学目标和课程标准，还关注师生个性特点、活动技能与类型等。

1. 高中英语教学方式的特性

（1）高中英语教师教学方式的多样性

在高中英语课程中，由于教学目标的复杂性、教学课程内容的丰富性，作为培养学生英语学习兴趣，增强学生英语学习动机，提高学生英语学习成绩，增进学生满意度，培养学生英语素养的教学方式、方法、策略，出现多样化的趋势，它们各式各样、各有千秋、异彩纷呈。教学方式主要包括讲授法、讨论法、自主学习法，比较引人注目的是直接教学法、个别化教学、问题探究教学法、合作学习教学法。

多样性教学方式是指教师基于其不同的学习目标从他们掌握的教学方式资源库中，选择不同的教学方式，它也意味着教师根据单独的课程或教学单元关联和使用不同种类的教学方式。对于复合型人才，多才多艺的理想教师标准来说，多样化、多式态的教学方式也是灵活变化的课堂教学中非常需要的。根据不同的情况，英语教师积极发挥自我能动性，可挥洒自如地“剪裁”不同情形的英语教学。

（2）高中英语教师教学方式的差异性

不同类型的教学方式有着不同的特点，不同的教学方式有着它们各自的适用范围，其间种种的差异性和独特性恰恰构筑了它们得以存在的条件。通常来说，教师使用两类教学策略来满足班级所有学生的需求：一类是多元化的教学方式，另一类是差异性的教学方式。差异性包含两种意思：①基于教学方式本身之间的差异；②教师按照学生差异性特点，进行差异性教学。即参照教师适应于课程安排和教学方法的情况，这样学生可以学至自身潜能水平。而连接多样化教学方式和差异性教学方式的逻辑在于有效教学和个体能力、智力认知发展的差异。

在高中英语教学中，教师可以根据教学内容、学生特点，利用教学方式的差异性，基于良性开展教学实践，把学生作为教学的主体，适应不同学生的不同需要，引导高中英语教学。

（3）高中英语教师教学方式的动态发展性

教学方式绝不是恒常不易的东西，它总是处在无休止的演进、分化、重组的过程之中，因为它变式繁多，从时间和空间的视角考察皆是如此，但人们的思维表达并不单单局限于此。教学的外在实施形式多种各样，教师并不可能都说同样的语言、用同样的句型、用同样的案例等。相反，在基于以学生的发展为本的思想明确后，教师对教学理解的方式，在课堂中的教学行为方式，或者说引导学生发展的反思的根本实质内容却是变动不居、因人而异的。

教学方式作为教育教学的一个子体，既秉承了教育母体的“人与社会”的功能，又具有当属其身自主的独立精神。它既表现于教学参与者——教师和学生，也表现于教学目标、教学内容、教学方案，还表现于教学组织形式、教学实施方法等，基于不同的分类标准，也形成了教学方式的诸多类型的称谓。这样，在形态上也就拥有了这各种“式样”的有形身体。然而，这副有形身体，作为一种物质形态的结构，一方面，在一定程度上保留和体现了这种精神；另一方面，在一定程度上影响甚至禁锢了这种精神。

外在形式一旦形成，往往就会借助于某种惯性的力量或是由于成功地适应了新的情势，而长久延续下来。从某种意义上说，教学方式即“运动的状态”和“存在的状态”的统一体。这种“运动的状态”将之列为教学方式运动的形式，即动态性这种“存在状态”，可以视之为教学方式的发展性。

2. 高中英语教学方式的类别

英语教学方式大多数是由英语教学方法层面进行研究讨论的。英语语言学发展史上尚无严格意义上加以界定的英语教学方式，在英文中也很难找到一个完全契合的单词。我国学者对其的称谓常常有英语教学方法、英语教学法、英语教学方式、英语教学途径等。尽管在中文的表达中有所差异，甚至有的学者专门撰文解释如外语教学法与教学方法的区别，但研究涉及的内容范围大体一致，都是围绕作为第二语言的英语教学方式、方法、形式、办法、手段、途径等相关问题。

我国自新课程推行以来，主要提倡自主、合作、探究学习的教学方式，因此，对英语教学方式不同类型的分类与归属，不同于对英语语言教法的划分。它围绕高中英语新课程理念下倡导的体验、实践、讨论、自主、合作、探究教学进行探讨，主要分为自主学习的英语教学方式、合作学习的教学方式、探究学习的教学方式。这种教学更加关注英语教学过程，强调英语教师的经验、感觉、个性等，以“看似无式，心中有式；看似无法，心中有法”，将“有形化无形”的太极精神融入丰富灵动的英语课堂教学中。

（二）新课程理念下的教学方式

1. 合作学习方式

合作学习的教学方式是指教师和学生小组或团队在合作学习体系下，为了帮助完成某种特定的任务或项目性工作，在有明确的责任分工的互助学习中，教师施予指导性的教学行为或教学方法。其思想部分源自关注个体发展和社会发展的人本主义思想流派，它的重要目标之一是使学生感受悦纳之他人、美好之交际、幸福之合作。因此，教师要鼓励学生学会合作，发展与人沟通的能力。教师应该在四个方面予以指导：学生小组的组成方式、完成任务类型、行为规范、动机奖励体系。比如，教师提供给每个组员平等的学习机会，布置小组具体任务，明确队员与小组的责任与义务，评价基于小组整体的奖励体系，激发集体荣誉感。合作学习教学不仅可以提高学生的人际交往能力和团队学习成绩，培养责任感，更重要的是能够以建立教育的相互依赖性，建构面对面的促进教学，从而达成学业目标以外的情感、态度、价值观目标。

此外，作为以英语为第二语言的高中生，英语教师给予其母语学习的关注也会对英语学习大有裨益，可以运用一些激励高中生采用语用学的有效教学策略，像合作学习、讨论、同伴互助教学。常用的使用方法有学生团队小组分类法、小组思维分享法、拼图法、小组加速指导法等。

2. 自主学习方式

所谓自主学习，主要是指教师在力所能及的教学条件下，指导学生进行科学自主导向，在教师的关心帮助下，进行自我内部激励学习，并且形成学习自我监控机制，从而促进学生最大可能的自主发展。在这里教师必须加强对学生学习策略的指导，帮助他们形成自主学习能力。许多观察和研究成果证明，教师利用各种资源，促进学生有效自我发展的教学，通常来自学生自主学习过程。教师在对学生进行自主学习的教学过程中，首先应该尽其可能地创设适宜于学生自主学习的情境与氛围；其次应该针对学生特点，以自身独特的个性魅力与方式，尽可能关照学生的心灵，对他们预期的目标给予积极的期待，对他们达成的结果予以适切的反馈，使他们身心感受到自主学习的意义价值性，体验到自我效能感和成就感。

3. 探究学习方式

在英语课程中，探究学习的教学方式通常是围绕某个问题、项目、文本、材料等，英语教师指导、帮助、支持学生进行积极探究或主动构建问题的答案、文本的理解、材料的信息的活动或过程。它不同于传统讲授的教学方式，教师由原来的讲授转向指导帮助，学生由听讲转为主动参与探究或构建。按照新课标的要求，在活动和内容方面，教师在英语教学中应有意识地增加开放性、探究性的活动内容，从而为学生提供更充足的时间和更充分的机会表达看法与观点，进一步培养学生的批判思维、创新意识、创新能力。

探究学习的教学关注英语语言运用能力要在语言实践中进行培养。英语教师力图使学生在课文中获取语言知识的同时，尽可能在英语学习过程中开放国际视野，获得独特的感受力、理解力、评鉴力。探究学习的教学方式贵在引导学生发现问题，引发思考，从而逐渐培养其好奇心理及探索精神。

（三）高中英语教学方式的选择依据

1. 高中英语教学课程标准

高中英语课程的总目标是使学生在义务教育阶段英语学习的基础上，进一步明确英语学习的目的，发展自主学习和合作学习的能力，形成有效的英语学习策略，培养学生的综合语言运用能力。根据高中学生认知能力发展的特点和学业发展的需求，高中英语教学要鼓励学生通过积极尝试、自我探究、自我发现和主动实践等学习方式，形成具有高中生特点的英语学习的过程与方法。

高中英语新课标是高中英语教师择用教学方式的最直接统帅，是指导英语教师进行课程教学的最高司令官。它决定着高中英语学科的发展方向，涵盖高中英语的教学目标、教学内容，并且在后续部分提供了相关教学建议，因此，必然成为高中英语教学方式的选择、运用的直接首要依据。

2. 高中英语教师与学生

高中英语教师是教师群体既普通又独特的一员，他们既有教师共性的特征，也有其独特的一面。除了在关系人生命运的高考教学以外，高中英语教师对未来社会的中流砥柱——青少年学习者英语水平的提高、英语人才的培养都发挥着至关重要的作用。在英语教学过程中，作为教师个体，他们的个性特质、受教经历、人格魅力、课堂教学权力、英语课程意识、英语综合素质能力等都将成为教学方式择定的参考依据。

高中阶段是人一生最难忘的时期。在这段时间里，高中学生承载了诸多的压力与动力，身体成长发育的同时，心理也开始逐渐成熟，独特个性也日渐形成。因而高中学生在英语学习方式、学习风格、学习水平、学习能力等很多方面皆有巨大的差异。教学过程是一个双边的活动过程，英语教师的教学方式必然离不开学生维度的考量，因此，学生的具体状况也是教师教学方式确定的重要制衡砝码。

（四）高中英语教学方式的运用

1. 依据情境而定

在英语课堂，教师采用哪种教学方式、如何教，取决于教师执教怎样的学生群，执教的学生究竟是怎样的状况，包括年龄、智力、风格、个性、学能、态度、动机、策略等在内从不可变到可变的连续统一体，还包括他们的已知和欲知。对于教师来说，取决于已知、信念与期望，取决于学生的期望等。简言之，在特定学校的特定班级，在特定的时间里，特别的教师面对特定的学生，采取怎样的教学方式教授高中英语某一特定内容都应视教学情境、情形而定。

2. 彰显个性化教学

提到个性化教学，大多数人第一反应可能就是针对学生个性差异实行教学，以促进其素质潜能的充分发展。有人甚至还专门针对个性化教学的实践提出了四大基本属性：施教行为的人文性、人本性教育对象的个体性、无选择性展开方式的策略性、独特性培养目标的科学性和创造性。实际上，教学作为一种双边活动，在强调以学生为个性差异的同时，教学活动是教师主要行为的施行者，不可避免地打上了个性的鲜明烙印。换言之，个性化教学不应该仅仅局限于学生个性的范围内，也应该是富有个性特点的教师的个性化教学。

3. 改革传统的讲授法

方式是教师的方式，方式是教师来选择运用的，教学方式的变革和创新必须积极重视教师这一实践主体的综合能力与综合素质的提升。就算是同样的讲授法，不同的教师，或个性不同，或综合素质不同，或特长能力不同，那么在应对不同的课堂情境，面对不同的学生的时候，其施行效果也不尽相同，甚至大相径庭。多年以来，人们在评价讲授法这种教学方式方法时，有相当一部分人常常是就方式论方式，就方法论方法，即使有些人充分注意到教学目标、教学内容，甚至学生等，却往往很少虑及使用者的一些因素，如教师个性特质等。

讲授法在不同的教学阶段、不同英语教师使用上表现不同的层次水平，发挥不同的功能。在接纳先进、崭新、适宜的英语教学方式时，也要警惕其成为新一轮霸权方式和约束力量。例如，目前高中英语中常用的任务型教学，好像一提到现代高中英语教学方法或模式，言必称任务，而且并不是说，只有任务型教学才能解决所有问题。换句话说，在传统与新生之间，绝不能有新而弃旧，并将之视为唯一正确、永恒的标准去全盘否定其他古老的教学方式，如讲授法。

（五）高中教师英语教学方式的发展

新课程推行以来，关于教学方式的改革与创新得到较大的突破与发展。深度教学和推理性教学，便是涌现其中独具特色的崭新的两类教学方式形态，它们对高中英语课程优质高效教学具有独特的意义与价值。

1. 高中英语课堂的深度教学

所谓“深度教学”，是指教师借助一定的活动情境，带领学生超越表层的知识符号学习，进入知识内在的逻辑形式和意义领域，挖掘知识内涵的丰富价值，完整地实现知识教学对学生的发展价值。深度教学并不追求教学内容的深度和难度，不是指教学内容越深越好，而是针对传统知识教学过于注重表层的符号教学提出来的。它基于把握知识的内在结构，彰显教学的情感熏陶、思想交流、价值引导功能，对真正提高教学质量，实现学生的全面发展具有重要意义。

（1）深度教学的提出是基于教育学立场的知识观

众所周知，知识是课堂教学的主要内容，知识教学是任何学科教学活动无法回避的基础任务和基本目标。而课堂教学秉持怎样的知识立场，将直接决定课堂中知识教学的过程和方式，也决定着学生的知识学习状况与学习效果。长期以来，人们对知识的渴求以及对知识力量的确信，使知识理所当然、毫无疑问地成为传统教学的主要甚或唯一内容。究其根源，在于对知识的本体认识和理解。关乎知识，传统认识论认为知识是客观事物的属性与联系的反映，是客观事物在人脑中的主观印象，它是在实践的基础上产生又经过实践检验的对客观实际的反映。

简言之，一种“作为事实”的客观存在的知识主要具有客观性、普遍性、真理性、确定性等特征。长久以来，基于传统哲学认识论的知识立场成为人们思考教育问题的重要思维方式。在我国，这种传统认识论使广大教师深受影响，并制约和支配着课堂教学活动的一系列开展。正是由于人们在知识教学的过程中秉持“事实取向”的知识观，从而使得教学方式带有明显的传递、灌输倾向。

深度教学是基于教育学立场的崭新知识观，这主要是因为从解释人类总体的知识生产过程和规律来看，哲学认识论的知识观是一种合理的、本体论的知识观。这种本体论的知识观为教育理论和教育实践提供了理解客观知识的基本立场，即哲学认识论立场。但对于教育活动中的知识问题而言，它缺乏教育场域特质的观照。教育理论关于知识的理解和知识的处理，不能直接移植哲学认识论的知识立场；相反，需要确立教育学立场，因为教育理论家和教育实践者不以知识为直接的研究对象和活动目的，而是以学生及其发展为研究对象和活动目的。

（2）深度教学的特征

深度教学是对传统教学的突破和超越，它反对教学的甄选功利取向，批判知识的硬性灌输和强制训练，倡导教学应关注学生的生命历程和生活境遇，重视知识在学生个体化世界的内在意蕴。深度教学相较于传统教学具有以下不同的特征。

从教学目标来看，深度教学是一种发展取向的目标定位。在教学目标上，深度教学强调全面把握知识与技能、过程与方法、情感态度与价值观等目标，这和我国正在进行的新课程三维目标也是基本一致的。只有把一个人在体力、智力、情绪、伦理各方面的因素综合起来，才能使他成为一个完善的人。深度教学以学生的发展为出发点，超越功利主义的目标限制，更多地关注学生的成长与幸福，克服死记硬背、机械讲授的弊端，紧紧围绕知识与学生的发展为中心开展深度教学。

从教学内容来看，深度教学注重与学生生活世界的联系。深度教学把教学内容看作“经验性”“实践性”的存在，而不再视之为一种静态的、线性的、固定的知识体系。它突破了以往封闭的教学内容世界，关注学生的现实生活世界，将学生的生活背景、经历、境遇与生活经验相关联，挖掘知识在学生个体化世界的内在意蕴，帮助学生从“履历经验”的课程中思考、重组、整合，形成自己“具体的活生生的存在”的“生活经验”，从而最终实现知识的“普适化意义”向“个体化意义”的转化。

从教学过程来看，深度教学强调知识意义的生成过程。在知识的内在结构中，知识具有符号表征、逻辑形式和意义系统三个不可分割的基本组成部分。通过教学活动传递符号表征的知识仅仅是人类学习的第一步，而传统教学由于传统知识观的束缚往往仅仅将学知之初的“符号表征”当作知识的全部，因而造成了知识教育的偏狭与局限。

深度教学强调知识的内核——意义的建构，打破了“传递符号表征知识”

的藩篱，以丰富多元化的方式实现学生对知识意义的个体生成过程，建构多姿多彩的个性化的知识生活世界。

从教学结果来看，深度教学能够唤醒和培养学生学习知识的兴趣，积极促进学生体验、感悟。兴趣的规律乃是整个体系随之运转的唯一轴心，当学生体验到一种自己在亲身参与掌握知识的情感时，就是唤醒少年特有的对知识的兴趣的重要时刻。当教学能够推动学生对已学知识进行体验，并且形成自己的感悟，那么知识的学习兴趣可能会油然而生。换言之，当体验之践、感悟之思开启了学生“与生俱来的精神之眼”的时候，就有可能形成对知识真正的兴趣。

深度教学不仅关注符号特征的知识表层学习，更加关注逻辑意义、知识内在意义的个体深层建构，唤醒和培养学生学习知识的兴趣，积极促进学生体验、感悟，从而使学生从苦役般的学习过程中解放出来，使机械、固化的知识转化为鲜活、灵动的生活音符与人生智慧。在深度教学中，学生快乐地学习、愉悦地发展。因此，在未来的教育世界，深度教学必将大放异彩。

2. 高中英语课堂的推理性教学

所谓推理性教学，主要产生于观察的过程，来自教师自身的思考推理，对学生的感受和反应做出教师的判断与决策，用教师特有的方式来理解教学经验，探索课堂教学各种预期的产生和出乎意料的出现。随着时间的推移，他们对其课堂教学实践进行了批判性的反思，以此来促进或改变原初的教学。推理性教学是有效形成教师如何构思、构建解释和进行课堂实践的基础。

（1）推理性教学支撑点

推理性教学主要有三大支撑点，即教师的知识、教师的信念、学会教学。其中，教师的知识和信念是推理性教学的奠基石，学会教学是其核心，它们如同推理性教学的“三驾马车”，共同拉动推理性教学前进的车轮。

学会教学最核心的本质在于认识、理解、拓展教师的推理，这也决定了复杂教学的长期发展过程。当教师清楚地说明为何以自己的方式进行教学，当他们在教学经验或课堂教学背景下对一般理论和方法进行反思，当与其他教师谈他们的推理时，就培养了某种认识，就能使他们发展活跃的推理。

推理性教学方式并没有怀疑和否决其他教学方式方法，无论是传统讲授，还是自主、合作、探究教学等。然而这些认可的教学方式，没有充分地考虑涉及作为教师的独特之“我”在丰富多样的教学内容中、迥异的“学生”中、在与复杂的“教学”情境中相互作用时，经过审慎推理如何做出自我自由的教学决策。通常的教学方法一般忽视了作为教师的独特个体，作为学生的独特个体，作为此情此景无法还原与复制的教学情境，唯一定格在“某师、某生、某课、某方式”的套用的逻辑思维。相对于推理性教学，他们的不足之处在于欠缺基于情境的、个体的、审慎的、活跃的推理。

（2）高中英语课程中的推理性教学

英语作为第二语言教学和作为第二语言的英语教师教育有着相当悠久的历史，在相当长的时间里人们往往都是从英语教学“方法”的视角对其考量，并对“最好的方法”形成较为普遍的认识。即没有最好的方法，只有相比较下最合适的方法。对于高中英语语言教学来说，任何一种方法其本身虽无孰优孰劣之分，但让语言教学充满勃勃生机与活力的正是英语教师对自身善辩能力感的解释与运用。这种善辩能力感也正是推理性教学强调的活跃性推理。对于英语教师也需要形成与具体课堂情境和需要随机调整的教学决策。

因此，高中英语教师不仅要使用推理性方式进行语言教学，同时也需要为了语言中的推理性而教学。用推理性方式教学，可以说是某种策略，使教师思考并理解自己的教学过程与结果，促进学生更好地发展。为了推理性而教学，是教会教师推理的方法，示范和影响学生促其也逐渐学会推理性的方法。因为教师想要成为具有高超技艺教学法的使用者，他就应该积极深入地研究语言中的推理性，细致地进行课堂观察，认真反思教学结果。

关于深度教学与推理性教学需要注意三点问题。①性质。正如在谈及深度教学的特征中说明的一样，它们都不是任何简单而单一的教学方式，因为在真实的英语课堂中，不可能有单一的教学方式，或者没有一种最有效果的教学方式，综合性是它们共有的特点。②关系。深度教学与推理性教学以及其他教学方式之间常常具有重叠性，它们之间往往相互渗透、相互包含，甚至在很多的时候往往很难完全严格明晰地分开。这与教学的复杂性、灵活性有着巨大的关系。③终极目的。在课堂中，英语教师无论选择并最终确定使用哪一种或者哪几种教学方式，其终极目的都是实现高中英语优质高效课堂教学，促进学生全面个性发展。

二、高中英语课堂师生有效互动

（一）师生课堂互动的条件

1. 课堂物质条件

课堂物质条件主要指课堂环境下与英语教学有直接关系的有形因素，主要包括以下三个方面。

（1）班额

英语教学是以训练学生的语言技能为主要目的的教学，因而教学过程中必须保证学生有足够的练习时间和机会。班额太大会减少学生的练习机会，教师也难以得到有关学生语言学习方面的反馈，小则有利于教师检查、调节和控制教学活动。因此，要想有效地组织课堂互动就必须把班额控制在一定的范围之内，否则英语课就会变成讲座课，交际能力的培养最终会落空。

（2）座位排列要有利于课堂互动

英语课堂互动的组织形式多种多样，有小组活动、对子活动、分排活动、分行活动、角色扮演、游戏等。这些活动要求不断地根据具体情况调整学生的组合方式，因而座位最好以列和行的形式排列，必要时可随时移动。各列之间应有一定的间隔，以便教师随时巡回指导，获得反馈信息，及时地调整组合方式，改变活动形式。

（3）丰富的教学媒体

这里所指的教学媒体主要是指储存和传递信息的工具。英语教学主要是通过语言信息的传递培养交际能力，在这一过程中，须借助于有声媒体录音、收音、电视等和图像媒体幻灯、投影、图表、电影、多媒体等，辅助语言教学创设语言情境，使语言操练在真实或者半真实的情境中进行。条件允许时，还可以通过人机互动进行语言训练。

2. 师生心理条件

课堂互动是教师与学生、学生与学生相互作用、相互影响以达到教学目的的一种课堂活动方式，与传统的“给予式”教学模式有着本质的区别。教学过程中师生的心理状态对课堂互动有着重要的影响。对于高中英语教学而言，教师的心理因素主要涉及四个方面：一是教师要降低权力需求，主动接收反馈信息；二是引导、鼓励学生参与，容忍并适度校正学生的语言失误；三是肯定学生的进步，使学生获得成功的体验；四是培养学生的心理优势，多给学生表现的机会。

学生的心理因素包括五个方面：一是主动参与语言活动的心向，做参与者，不做旁观者；二是有合作意识，既要与教师合作，又要积极与同学合作；三是中等程度的焦虑，既要消除过分焦虑对语言表达的干扰，又要有一定的焦虑度，以提高语言学习的效率；四是提高自我校正意识，捕捉教师和同学语言交际中的有效信息和语言亮点；五是有强烈的表达欲望，尽量使内部语言表现为外部语言。

英语课堂互动不仅是一种课堂活动方式的改变，也渗透着现代教育观、学生观、教学观、学习观的价值取向。纵观传统的英语教学，它与课堂互动在价值导向上有根本的区别。在制定课堂互动评价标准以及对课堂互动实施评价时，要尽可能避免套用传统的评价标准来否定课堂互动中有利于学生发展的积极做法。

（二）师生课堂互动的实现目标

具体而言，高中英语课堂互动教学模式的实施力图实现以下目标。

1. 促进学生积极参与课堂教学互动，提高英语课堂教学的实效

高中英语课堂互动教学倡导积极的人际关系，强调学生主动参与教学活动。将课堂教学形式从单一的全班教学转向全班教学、小组合作学习和个人自学等形式的合理组合，形成互教、互学、互帮活动，并且重视小群体内部和小群体之间相互作用式的动态活动。这些不同形式的课堂教学互动能够吸引学生的兴趣，使他们参与其中，在互动中完成学习任务、获得知识能力。因此，本教学模式的实施旨在促进学生积极参与课堂教学互动。同时，高中英语课堂互动教学也倡导优化教学手段、调节师生关系，力图以尽可能少的时间投入和精力消耗，让学生获得尽可能多的英语知识与实践经验，以提高英语课堂教学实效。

2. 促进学生英语综合运用能力的发展，培养积极的学习情感态度

英语是一门应用性极强的科目，英语语言综合运用能力不是靠死记硬背形成的，而是在实际应用中获得的。高中英语课堂互动教学模式的实施期望通过大量的课堂交互活动，为学生创造尽可能多的语言应用机会，促使他们在应用中掌握各种英语语言技能，形成积极的英语学习情感态度。

3. 促进学生主体性的发展

在互动教学中，课程内容的掌握仍是重要的，但课程内容掌握本身不再是教学的目的，而是成为建构学习主体的手段。教学过程则成为发展与增强学生主体性，培养具有主体意识与主体能力的、全面发展的学习主体的过程。因此，高中英语课堂互动教学模式的实施，不但力求完成培养学生语言技能和良好的英语学习态度的目标，而且要实现发展学生主体性的目的。

（三）师生课堂互动的模式构成

根据教学模式的构成，理论依据是基础，教学策略是教学过程中的方法和措施总和，教学目标是核心，它是教学评价的标准和尺码，影响着教学模式的操作序列和师生组合方式，任何教学模式都要指向一定的教学目标。而课堂互动教学模式是以师生在教学过程中的一切交互作用和影响为主线的，它的突出特点就是“互动”，而且每一种教学模式都有其特定的逻辑步骤或操作序列。各种教学模式的操作序列都是参照该模式的基本思想来构建的。

高中英语课堂互动教学模式的操作序列要体现的基本思想是课堂互动教学必须使学生实现从在教师的促使启发下进行学习，逐渐发展为在教师的指导帮助下进行学习，进而发展为学生之间能够相互合作通过互动进行学习，最后发展为学生自己能主动地、创造性地学习，从而培养学生的语言应用能力和积极的学习情感态度，也就是操作序列必须体现“启动—联动—能动”这一基本思想。在教学流程中，师生在设定的教学目标下，根据一定的教学策略，通过启动、联动和能动的互动，发挥每个环节师生共同完成教和学双向过程的任务，从而使所有学生都能主动参与课堂教学，摆脱了传统的模式，增加了学生对英语的兴趣，提高了课堂效率。

（四）师生课堂互动的操作序列

英语是一门应用性很强的学科，其语言技能涵盖面很广。目前，教育部颁布的《英语课程标准（实验稿）》把英语语言技能分为四类，即听、说、读、写四种技能，并明确指出学生应通过大量的专项和综合性语言实践活动，形成综合语言运用能力，为真实语言交际打基础。因此，听、说、读、写既是学习的内容，又是学习的手段。传统英语教学中有“听说教学法”，它是以语言“听”“说”能力为切入口来进行语言教学的，把“听”与“说”

两种能力结合在一起训练，学生不是为了练习口语被迫说话，而是他们受听力材料感染，产生开口说话、表达思想的欲望和冲动。“听”“说”相结合为学生提供了大量听力材料的语言储备，学生在丰富的语言储备基础上再进行交际活动，“说”就会变得顺理成章、有感而发和自然而然了。

鉴于英语教学中“听”与“说”能力培养的内在联系，将学生听、说能力的培养结合起来，从培养听说能力、阅读能力和写作能力这三个方面来构建高中英语课堂互动教学模式的具体操作序列。这样本教学模式便可具体化为三个操作序列——着眼于“听说”能力培养的课堂互动教学操作序列，着眼于“阅读”能力培养的课堂互动教学操作序列，着眼于“写作”能力培养的课堂互动教学操作序列。除关注学生的听、说、阅读与写作四种能力的培养外，这三个操作序列的实施都将突出学生学习主动性的发展与积极的英语学习情感和态度的形成。以下分别对这三个操作序列加以阐释。

1.“听说”能力培养的操作序列

由于受应试思想的影响，有些教师听力训练时总是采用高考题型，全是多项选择题，即人们常说的听力测试而不是听力训练，这样做不利于学生听力水平的提高。而此序列的基本操作步骤就避免了这样的问题，即布景引入—视听呈现—合作学习—角色扮演—自由讨论。

（1）“布景引入”

课堂上，如果一个学生总是听不懂，练习也做不对，他就会产生强烈的焦虑和压抑，这种消极情绪将会导致低下的训练效果。因此，要采取措施减少甚至消除学生的挫折感、焦虑、压抑这些消极情绪，使他们以无拘无束、轻松愉快的心情进入学习佳境。这可创设与听、说训练相关的情境，让学生对将要学习的新知识产生浓厚兴趣和求知欲。具体指教师根据所听内容，利用问题、投影、图片、实物等进行巧妙导入，从而引发学生听的动机，其中也包括与听力材料有关的背景知识，如英美国家的历史、地理、文化风俗、趣事等，关键词解释和听力技能的指导。

（2）“视听呈现”

教师在听力课前熟悉电教媒体的各种功能、用途，并能在课堂上做到操作自如、灵活运用，使各种功能在教学的不同环节上发挥其应有的作用，这是上好听力课的根本保障。目前使用的电教媒体一般都具有放音、听音、选择、会话和提问等功能，如能根据教学上的实际需要，尤其是不同层次学生的需要，将这些功能合理地利用起来，不仅使整个教学步骤、方式变得多姿多彩、生动活泼，还能人为地减少因学生听力水平差异而产生的各种问题。学生通过视听的方式对新知识有了一定的了解，再分发相关书面材料。然后，在学生理解的基础上模仿跟读录音。以对话为例，可先采用模仿跟读全部对话，接着轮流模仿跟读不同人的录音。

（3）“合作学习”

学生对书面材料进行小组合作学习，并在班级内汇报小组学习成果。如遇到一些填表和需要数学计算的问题，小组合作能更好更快地解决问题。

（4）“角色扮演”

学生根据自己的理解改编材料并进行角色扮演，再在全班汇报演出。如听了某服务行业的工作人员为顾客提供服务的用语后，教师可设一定的情境，让学生扮演类似的角色，把课堂上学的东西迁移到实际生活中去，如英文短剧角色模拟和配音。

（5）“自由讨论”

在这一过程中，教师应让学生听说结合，为了说得出，必须听懂。只有听懂了，才能接着说，以说促听、以听带说。学生针对与新知识有关的话题进行自由讨论，教师做总结性发言。比如，给他们一些贴近生活的话题，谈论自己的见解，还可以开展一些趣味性的活动，如故事演讲、戏剧表演、辩论赛等。通过这些活动鼓励学生突破“开口难”这一关，克服他们的恐惧心理，进一步提高学生的口语能力。每一步骤进行时间的长短，教师可以根据具体材料的难度和课堂进度的安排等因素来灵活决定，但要保证“视听呈现”“角色扮演”“自由讨论”三个步骤有充裕的时间，以便学生充分锻炼英语听、说能力。

2.“阅读”能力培养的操作序列

此序列的基本操作步骤为创景启发—独立阅读—互帮自学—组际交流—班内讨论。

（1）“创景启发”

创设与阅读材料相关的情境，让学生对阅读材料的背景知识有所了解，做到有备而读。教师可以通过多媒体展示相关的知识，激发他们的兴趣和热情，然后建构图式做语篇结构分析。这样，学生就能很容易抓住文章的主要内容，对主题的变化、发源地、歌手、乐器的变化理解就不会有问题。

（2）“独立阅读”

根据不同的阅读目的，学生可以进行扫读、跳读、细读。扫读要求读者通过阅读文章的标题和每段的主题句，快速浏览全文，对文章的内容、结构和作者的写作意图有一个整体的印象。跳读是指为获得特定的信息而进行的符号辨认过程，课文的跳读一般都是围绕问题而展开的，读者带着问题迅速在文章中找到有关问题的范围，提高其阅读速度。细读要求读者领会文章主旨，对文章进行深入细致的阅读，了解文章各段落的主要意思和段与段之间的关系以及文章中的一些细节。

（3）“互帮自学”

在个人阅读完毕的基础上，小组成员互帮互学相关的意义段落，扫清语法、词汇障碍并找出疑难点。

（4）“组际交流”

学习小组之间交流各自所学段落中的语法、词汇和难点，教师再补充遗漏。

（5）“班内讨论”

全班学生再次练习文章所学的重点语法、词汇，同时开展对文章内容的讨论。这一阶段的最终目的是让学生达到知识的迁移和升华，从而创造性地灵活运用语言。要求学生超越书本，发展创造性思维，创造性运用作者提供的知识和观点去解决问题或在其观点的基础上提出新的观点。教师可以引导学生以讨论或写作的形式表达个人的观点，如同意或不同意、喜欢或不喜欢、提出建议或解决问题、评论文章中的人物、想象故事的多种结局等。这样学生可以发挥丰富的想象力，做出合理的判断和推理，发展英语思维能力和创造思维，同时训练学生创造性运用英语表达的能力。这个操作序列主要是为培养阅读能力而设计的，因此“独立阅读”的时间要充分保证。

3.“写作”能力培养的操作序列

此序列的基本操作步骤为观景激趣—范文引导—口头造句—独立写作—互评互改。

（1）“观景激趣”

教师展示学生将要描述的对象，让他们对此有一个直观的印象。

（2）“范文引导”

教师讲解分析关于展示对象的优秀范文，并找出可以借鉴和模仿的地方，看他们如何组织写作，如何运用词语和句子，从中学习一些写作技巧。因为英语和母语的表达方式不尽相同，教师若不进行指导就会出现大量的中国式英语。在学英语语音时，教师非常强调模仿，而在学习用英语写作时，却很少人认为模仿会有效。实际上，在写作时，同样应提倡模仿以英语为母语的人所写的文章，如教他们如何扩大词汇量和英语惯用法；教他们掌握范文中相关的英语基本句型，尤其是动词句型；教他们动笔前如何分析材料、审题；教他们如何利用展示材料的知识背景；教他们用不同的词和结构表达思想。

（3）“口头造句”

小组同学根据所要描述的对象进行构思，采用小组头脑风暴的方式，三五人为一组，各摆出自己的想法，集思广益，取人之长，补己之短，通过口头造句，熟悉写作句子。

（4）“独立写作”

学生根据口头造句环节中的句子积累，提纲拟就后，个人完成自己的文章，独立完成写作，教师个别指导。

（5）“互评互改”

修改是写好作文的前提。在写作完毕后，向学生展现作文评判标准，如分档和分值；检查体裁，看文章的格式布局、开头和结尾用语是否正确；检查要点是否齐全，字数是否符合要求；检查语法是否有错误，可建议学生写作时参考教科书或一些有关语法资料，或者向他人求教；检查拼写、大小写、标点符号及词形变化是否正确、行文是否流畅、语言是否丰富。不应把重点放在拼写和语法结构上，而应放在它所表达的思想及表达方式上，看学生对材料的分析是否正确、有新意，文章是否切中题目等。小组同学根据固定评价标准互相批改作文，再欣赏本组优秀作文，最后教师推荐全班优秀作文。这样学生既是作者又是读者，他们通过批评性地阅读别人的作文，可以学到更多的写作知识和技巧，这种做法能使学生学得更深、更广、更活。此外，还可以培养学生的编辑、审校能力和组织、归纳总结能力。本操作序列主要目的是培养学生的写作能力，所以“口头造句”“独立写作”和“互评互改”三个步骤的时间要保证充裕。

（五）师生课堂互动意识的提升

1. 强烈的目标意识

目标包括认知、情感和动作技能三个方面，是否达到预定的教学目标是衡量师生互动是否有效的决定性因素。在师生有效互动的课堂上，可以明显地观察到教师制定的目标是科学、全面、恰当的，师生互动紧紧围绕教学目标进行，师生达标意识强。

2. 精致的方法意识

在有效的师生互动教学中，教学方法创新而且有效，教师精心选择方法、精准把握机会、精巧安排结构。如采用先学后教、当堂训练的教学方法。

第一，介绍学习目标。上课一开始就告知学生，简明扼要，明确本堂课的学习方向和目标，教师不做任何说明和讲解。

第二，自学指导。通过投影明确学生自学内容、明确自学方法、明确自学要求。

第三，学生自学。这个环节中教师特别注意关注每一个学生的自学状况，确保每一个学生都紧张、高效地实施自学，对教师发现的学生自学中的问题要及时用各种方法去引导纠正。

第四，学生练习。自学后，检测学生自学的效果，用题来检测，练习题必须精心设计。

第五，引导学生更正，指导学生运用。

第六，当堂完成作业。作业典型要围绕课堂教学目标出题，要分层次出题，让不同类型的学生都有不同的提高。可以有必做题、选做题，选择权在学生。在单位时间内，师生紧扣学习目标和任务，通过周密安排和师生互动、生生互动，达到预期的教学效果。因此，师生有效互动强调有效的教学方法，教师精心选择方法，与学生共同讨论、探究、学习，课堂完全是学生自觉的激情投入，他们爱课堂、爱知识、爱学习。

3. 合理的评价意识

教师能及时、充分地对学生的表现做出合理的评价，评价的方法灵活多样，并能根据教学信息的反馈随时调整教学。根据调查，绝大部分学生认为评价和奖励对于师生互动的有效进行很有必要。实践中，有效的师生互动课堂上不仅有教师的口头评价方式，还有评分制、奖惩制、学生自评等有效的评价方式。有效的评价可以在一定程度上制造课堂的竞争气氛，提高学生参与互动的积极性。

4. 愉悦的情感意识

教师在课堂上面向全体学生，尊重和相信学生，特别是善待答题有误的学生，并着力培养学生的学习兴趣、学习意志、学习习惯，注意非智力因素的开发。师生在人格上是平等的，在教学过程中地位是平等的，师生在课堂上都可以自由地发表自己的见解，甚至可以和对方展开探讨或者争论。师生之间相互交流、相互沟通、相互启发、相互补充，彼此分享思考、经验、知识。双方在尊重对方见解的基础上相互启发和合作，此时，师生的情感是愉悦的。

5. 多重的互为主客体意识

在人与人的交往中，人不只是主体，也会是客体，或者既是主体又是客体，人自身具有主体、客体的两重属性。教学过程中，教育者与受教育者在教学交往中具有不同的表现形态。

第一，共时性的互为主客体关系。在自由、平等、民主的教学交往中，无论是教师还是学生，他们同时既是主体，又是客体，通过交往互动都以对方为媒介实现自己的目的。

第二，历时性的互为主客体关系。在教学交往中，随着时间的推移，交往的主客体会发生转化。历时性互为主客体是一个过程。

第三，单向的主客体关系。在某种特定条件下，教师是主体，学生是受教育的客体，他们的交往表现为单向的主客体关系。

第四，双重性的互为主客体关系。师生不仅相互发生作用、共同提高，同时他们也注意对自己的作用。

（六）师生课堂互动的教学对策

师生课堂互动的教学对策是在教学过程中教师和学生所采用的教学方式、方法、措施的总和。任何教学模式都必须在特定的支持条件下才能发挥效力，高中英语课堂互动教学模式同样如此。该教学模式的核心是“互动”，要使师生真正意义上互动起来，需要学生在情感上有主动、积极参与课堂活动的意愿，同时，课堂上师生关系应是融洽的、轻松的，且课堂上应有可供学生参与的多种形式的活动，还应注意到由于互动教学活动相对较多，如组织不好，可能使课堂陷入混乱，因此，教师应善于监控课堂教学进程，保证课堂互动教学正常运行。换言之，教学模式的实施需要构建能够吸引学生兴趣、调动学生学习积极性、融洽师生关系、维护良好课堂秩序的教学策略作为保证。具体策略如下。

1. 情境创设策略

情境创设策略是利用各种与新课内容相似的情境来吸引学生注意力和提高他们的学习积极性，以使其在上课之初就形成良好的互动心向的策略。注意力是人们心灵的唯一门户，意识中的一切必然都要经过它才能进来。恰当情境的创设容易引起学生的兴趣，吸引他们的注意。具有强烈的兴趣和高度的注意，学生才会积极参与课堂上的交往互动。具体来说，情境创设可通过以下三种方法进行。

（1）利用表演创设情境

如果新授课是一个故事性强的内容，教师可以设计表演在上课之前呈现给学生，使他们对将要学习的内容有一个初步定向。这样既可加深学生对新学习知识的印象，也可激发他们想亲自登台表演、展示自己的欲望，同时还可吸引学生的注意。

（2）设置疑点创造情境

“好奇”是引发个体注意力的一个重要因素，它可促使人完成许多超乎想象的事情。教师可借助学生的好奇心，在课堂互动教学中恰当设计疑点和悬念，使他们急于想知道谜底而又只能在一步步教学互动中逐步解开疑团。教师通过在教学进程中设置疑点，紧抓学生的注意力，吸引学生全身心地参与并完成全部课堂教学互动。

（3）利用图片、实物展示情境

教师可利用生动、形象、逼真的图片，把学生带入课文情境中，还可用连环画的形式把长段课文分解成一个个易懂的片段，降低课文的难点，突出语言的重点。图片和实物的展示建立了新旧知识的联系，并且从心理上拉近了学生与学习材料之间的距离。一旦学生与学习内容之间的“陌生感”消除了，他们就能在教师和同学“众目睽睽”之下大胆参与课堂教学互动。

2. 人际互动策略

在英语课堂教学中，教师与学生之间、学生与学生之间应该处于一种平等的地位，应该在平等中进行合作，不应该采用竞争方式把某些学生的成功建立在另外一些学生失败的基础上，教师也不应该把自己的角色看成是一种特权，容不得学生染指。教师与学生之间、学生群体之间的互助互学、友爱互助、相互启发，不仅有利于资源共享，而且常常起到教师讲解所不能达到的效果。在以人际互动为取向的英语教学中，学生的主体地位得以体现，学习的积极性得到增强，学习内容得以延展。越来越多的教育者承认，与个人主义的学习方式相比，在学习中增加人际互动能够更好地提高学生的学业成绩。

（1）师生互动

从互动主体角度，把师生互动分为师个互动、师班互动、师组互动。在目前的英语课堂教学中，师生互动的主要形式仍然是师班互动和师个互动，所以适当增加师组互动比例是很有必要的。

（2）生生互动

第一，结对子活动。在英语课堂中使用结对子活动，能给予学生面对面交谈和独立运用语言的机会，产生信息的交流，在双方的交互活动中获得反馈并给予修正，激起学生学习的兴趣。语言的新授阶段结对子活动可以促进学生对语言材料的理解和对材料的初步运用，使学生在互动中学习，对于训练学生语言的准确性有帮助。在巩固和运用阶段，结对子活动可以使学生运用所学的知识做更高层次的互动，用学到的结构进行有意义的交流，对于学生语言流利性的培养能起作用。教师可以根据不同的教学环节和教学要求组织结对子活动，以达到不同的目的。

第二，小组活动。小组适合量大、内容多、结构复杂、学生自主性强的活动，如角色扮演、讨论活动等。成功的小组活动有着其他活动无法比拟的效果，它能使班上更多的学生在同一时间内投入到活动中去，更能营造一种互动的课堂效果和交互的情感气氛，学生觉得更自由，有更多更好的机会说出他们想说的话，也更有责任感、更能发挥自主性。不过在操作过程中，教师要注意小组活动人数不宜太多，4 ~ 6 人比较恰当；小组以座位的自然结合为好，使每一小组都有较好的和较差的学生。小组活动时间以能让学生完成任务为宜，过长和过短都是不恰当的；小组活动前做适当的指导，提出明确的要求。指导小组活动时，教师应随时注意学生活动的动态，提供资源如语言结构和内容补充，做一些并不生硬但又必要的干预，把偏离主题的小组活动拉回到教师要求的方向上来。小组活动进行时不做错误纠正，但可根据具体情况在小组活动后提供反馈时向全班提出，或课后向有错的个别学生提出；小组活动后应选择部分小组向全班进行汇报，并由教师提供必要的反馈。

第三，个别学生对全班的活动。像采访、头脑风暴式的活动。例如，围绕课文内容一位学生向全班提一个问题，班级中一个志愿者站起来回答后问另一个问题，第二个志愿者接下去。这样从头到尾，组成一个完整的课文大意，可以极大地调动学生的兴趣。

3. 课堂管理策略

课堂互动教学管理策略是指在课堂互动教学中，教师为完成互动教学目标，维护互动教学活动正常进行而采取的措施和手段。具体来讲，适用于本教学模式的课堂互动教学管理策略有课堂突发事件制止策略、学生互动管理策略和课堂互动时间管理策略三种。

（1）课堂突发事件制止策略

课堂突发事件制止策略是高中英语课堂互动教学的一个重要策略。采用互动教学模式进行教学的课堂要比普通的课堂更难监控，因为学生参与课堂活动的机会比普通课堂高得多，虽然高中生的自控能力较好，但毕竟有部分学生自控能力相对较弱。所以，为了防止课堂上学生之间的互动成为“乱动”，保证互动教学模式的正常实施，教师需要灵活处理课堂上的突发事件。制止课堂突发事件的措施分为“注视”“要求”和“威胁”三个等级，每个等级又包括“公开”和“隐蔽”两个维度，把这两个维度与三个等级结合起来便总结出制止课堂突发事件的方法，它们分别是“隐蔽的注视”“隐蔽的要求”“隐蔽的威胁”以及“公开的注视”“公开的要求”“公开的威胁”。

第一，隐蔽的注视。教师劝阻的神情只有一个或两个其他学生注意到。

第二，隐蔽的要求。教师缓慢向学生移动，暗示学生采取理智的行为，使用的声音和方法只引起少数一两个学生的注意。

第三，隐蔽的威胁。教师靠近学生，告诉他如果继续错误行为将产生的后果；教师使用的声音和动作只有少数一两个学生注意到。

第四，公开的注视。教师大幅度的摇头动作使班上大多数学生都注意到了。

第五，公开的要求。教师用一种引起班上大多数学生注意的方式要求学生采取理智的行为。

第六，公开的威胁。教师告诉学生，如果继续错误行为将产生的后果；教师用大声的言语要求班上的大多数学生对此加以注意。

上述提供了制止课堂突发事件的一些具体操作方法，教师可根据突发事件的破坏性的轻重，选用不同的制止方法。如果教师习惯用“公开的”方法来制止学生的错误行为，可能会使其他学生产生焦虑情绪而影响他们参与课堂互动的积极性，因此，教师要谨慎使用“公开的”方式来制止课堂突发事件。教师可以观察学生的个性特征，根据学生的反应灵活运用制止方法。在高中英语课堂互动教学过程中，大多数情况适合采用“隐蔽的”制止方式，因为“隐蔽的”制止方式容易使师生关系融洽，学生感到轻松、无压力，这些积极的情感会促使学生参与课堂互动。总之，选择何种制止方法取决于教师的智慧、对教学情境的了解和对学生认真仔细的观察，不能一概而论。

（2）学生互动管理策略

学生互动管理策略分为两个方面：一是建立课堂教学互动行为规范，二是合理使用领导者的权力。互动行为规范通常是为班内大多数成员所接受的，并且每个学生都有义务遵守的一种行为准则。在课堂互动教学管理中，建立课堂互动行为规范是课堂教学管理的一个重要策略。教师要与学生共同探讨建立课堂互动行为规范，规定课堂互动行为的尺度，让学生的互动行为在制度框架下进行。本规范要细致规定课堂上每种互动的开展环节，做到每种互动都“有法可依”。这样学生在课堂互动过程中，就可以依据课堂互动行为规范进行活动，互动教学效果才会更好。

进行课堂互动管理还要求教师合理使用领导者的权力。在课堂互动教学管理中，教师既是领导者，又是管理者、组织者。由于角色和地位的优势，教师在课堂互动教学中拥有“较多”的权力。教师不能过度使用这种权力，这样会导致学生产生不安全感和抵触情绪，因而不愿主动参与课堂教学互动；反之，则会导致学生在互动过程中自由散漫和目无尊长。这两种情况都不利于达到课堂互动教学的目的，教师只有合理地使用领导者的权力，在领导、组织、鼓励等工作方面尽量做到适度合理，才会使互动教学活动发挥出最佳的教学成效。

（3）课堂互动时间管理策略

课堂互动时间管理策略是为了保证各种教学互动能够在课堂上得以顺利、圆满实施的措施。在开展课堂互动教学的初期，学生的时间观念比较淡薄，教学互动所需的时间可能比较长。在一个较长的互动时间里，学生很容易做一些与英语互动教学无关的事情，这会降低互动教学的整体功效。因此，在进行互动教学之初，教师应该在教室内悬挂可供学生计时的钟表，并对每项互动活动提出明确的时间限制，要求学生尽可能在规定的时间内完成互动活动。教师可先给学生足够多的互动时间，随着课堂互动教学开展，逐渐压缩学生的互动时间，在保证质量的同时加快学生的互动效率。这是一个循序渐进的过程，教师应该密切观察学生的反应，如果学生的反应轻松，则应加快；如果学生的反应吃力，则应减慢。

（七）师生课堂互动的教学评价

提到教学评价，人们会很容易想到考试与分数。其实考试只是评价的方法之一，分数也只是学生发展情况的衡量指标之一。只要评价者的思想角度不同，就会有迥然不同的评价方法。恰当的教学评价是本教学模式正常实施的保证。高中英语课堂互动教学模式强调通过激发学生的学习兴趣，引导学生自主参与课堂教学互动，发展学生的主体性，培养学生英语学习情感态度，以提高英语教学成效。因此，教学评价的重心是促进学生英语学习兴趣和学习积极性，肯定学生参与课堂互动的积极行为，而不是注重评定学生在某阶段获得了多少可量化的英语语言知识。基于这一思想，教学评价更多地注重对互动教学过程中学生的表现进行定性的评价，当然，也不完全忽视对学生英语学习结果的定量性评价。

1. 互动教学定性的形成性评价

定性的形成性评价方法在英语课堂互动教学中应用更广泛，对学生学习兴趣、学习积极性的促进作用更大，因此，定性的形成性评价方法是本教学模式倡导的主要评价方法。它是在互动教学活动进行之中展开的，其实施要求是每一次定性形成性评价都要有及时的反馈，而且反馈一定要含有各项改正措施和程序，以便教师和学生为今后的互动教学任务做好充分准备。为了做到及时评价、及时反馈，定性形成性评价一般要求评价次数较多、评价内容和范围较小，主要是每个形成性单元的内容与目标。具体来说，高中英语课堂互动教学定性的形成性评价方法有以下五种。

（1）课堂互动观察

在课堂互动教学过程中，学生要参与很多不同形式的互动教学活动。学生具体的课堂参与互动情况，活动效果可以通过观察之后加以评定。

教师通过在课堂上观察学生参与教学互动的情况，及时了解他们在互动教学中的兴趣、情感态度以及互动过程中出现的语言问题。在收集到相关信息后，通过分析整理出每个学生的学习档案，提出存在的问题，并与观察者共同制定出相应的解决办法。教师在接下来的互动过程中，要监督学生的改正情况，及时为学生提出反馈信息，以促进学生更好地参与课堂教学互动。

（2）英语演讲、表演等的表现性评价

高中英语课堂互动教学过程中的一个重要互动形式是英语演讲或英语表演。学生的演讲或表演需要一套专门的评价指标，教师要根据具体情况制定一套评价标准，一般包括：能否有效保持观众的兴趣和注意力，能否正确使用修辞、吐字是否清楚，小组同学合作是否协调，面部表情是否适当，有无恰当的肢体语言等。表现性评价强调评价应在完成表现性任务的过程中进行，不仅要评价学生知识技能的掌握情况，更重要的是要通过对学生表现的观察分析，评价学生在创新能力、参与能力、合作能力以及英语学习情感态度等方面的发展情况。

（3）学习档案

学习档案的建立以学生为主，教师应要求学生在一段时间内挑选出能代表自己学习情况的作业、表演评价记录表等材料，放入自己的学习档案中。到学期结束时，学习档案将作为本学期对学生考核的内容之一。它不是简单的成绩记录，而是给学生提供了对自己学习情况进行监控和反思的机会，学生不再只是被评价的对象，他们也成为评价的参与者。这样可以提高学生参与课堂教学活动互动的积极性，培养他们的英语学习情感态度。

（4）问卷调查或面谈

使用问卷调查或面谈的方式可以及时了解学生的互动学习态度、互动学习情感、互动学习策略及英语语言知识方面的信息。它可以及时、有效地帮助教师了解学生，调整课堂互动教学的内容、形式及进度。在问卷调查中，教师要仔细分析总结每一份问卷的调查结果，找出学生在课堂互动方面存在的问题并提出改进意见。面谈可在任何场合进行，时间可长可短，形式也多种多样。面谈中教师仍要重点分析学生暴露出的问题以及改进办法。教师可通过问卷调查及面谈这两种方式，分析课堂互动教学中存在的问题，以解决问题，提高英语课堂互动教学质量。

（5）学生自我评价

互动教学模式的基本精神是在互动中发展学生的主体性，让学生成为学习的主人。为了达到这一目的，除了让学生在学习过程中发挥主体性，还应该让他们在评价过程中表现主动性。学生自我评价将更直接地使学生由被评价对象转变为评价的参与者，使他们充分体验到每一点进步与收获，同时在自我反思、自我教育、激发内在动因的过程中，达到改进学习态度，增长知识的目的。自我评价可以从听说能力、阅读能力、写作能力三个方面进行，教师可以帮助学生设计相关自评标准。

2. 互动教学定量的终结性评价

定量的终结性评价是在某一相对完整的互动教学阶段结束后，对整个教学阶段互动教学目标的达成度做出的评价，它要以预先设定的互动教学目标为基准，考查学生达成互动教学目标的程度。终结性评价的次数较少，一般是一学期两三次，在学期中途或学期结束时进行。终结性评价的内容范围较广、概括水平较高。高中英语课堂互动教学的定量终结性评价方法具体有以下两种。

（1）期中或期末英语测试

在一学期期中或期末进行英语语言技能的综合性测试，包括考查学生语言知识点和各种语言技能、结果以分数或等级来表示。测试结果较能反映学生在这期间的学习成果，但教师仍需对测试进行客观的分析，不能以一次考试的成败论英雄。

（2）各种英语语言能力的专项测试

各种英语语言能力的专项测试包括听力测试、口语测试、阅读能力测试和写作能力测试。这些专项性英语语言技能测试有很大的灵活性，教师可自选时间、自定测试内容，测试结果以等级来表示。一般来讲，这些专项测试内容少，可以与课堂教学同时进行。测试结果可帮助教师改进课堂互动教学设计，改进互动教学策略。

第四节 基于核心素养培养下的高中英语课堂教学策略

一、多元教学方法，培养语言能力

第一，语言能力是基于特定社会情境中，合理运用英语语言表达，具备听、说、读、写等理解与表达能力。语言能力是英语知识运用能力、语言文化能力、学习策略运用能力的集中体现，作为英语学科核心素养的基础，并非简单叠加的语言知识与技能，更添加看、语感、语言意识、信息获取和整合能力等要素，是高中英语课堂教学的主要内容，其重要性不言而喻，高中英语教师应高度注重夯实学生英语知识与能力基础。

第二，创设课堂教学情境与氛围。英语语言学习与周围语言环境具有密切关联性，依托教学环境创设、课堂氛围营造，英语教师能激发学生课堂参与热情，使其具备较强的求知欲、探究欲，在课堂上集中注意力参与学习。在创设语言学习氛围过程中，要求英语教师深入解读学生思想和心理特征，由于高中生的思想和个性十分鲜明，在学习英语知识与技能的过程中，往往脑力足够、韧性不足。

英语学习并非一蹴而就的过程，需要学生付出长时间的坚持，方能循序渐进增强自身英语水平与学习能力，这一过程需要学生意志坚定、肯下苦功。英语课堂教学过程中，教师要善于引导，避免枯燥乏味的语言知识背诵与记忆，转变传统教学理念和风格，增添英语学习的趣味性和多样性，调动学生课堂参与热情和积极性。

第三，整合语言知识内容，为培育语言能力奠定坚实基础。高中英语教学内容覆盖范畴较广，并未设定固定学习方法，学习内容亦可不断拓展和延伸。以高中英语阅读教学为例，在教材知识学习基础上，以英语故事、英语成语、名人逸事、英语笑话、英文报刊阅读，丰富学生英语语言知识，拓展英语阅读量。在高中英语听力教学过程中，引入英语电影，英语歌剧、歌曲，配合中英文双字幕，强化学生英语听力练习，循序渐进提高学生英语听力水平。

二、有效课堂互动，提高学习能力

学习能力指学生积极主动开展英语学习，不断调节自身英语学习策略与渠道，不断增强英语学习效率与质量。学习能力不仅包含学习策略，亦涵盖学习态度、学习兴趣、学习方法、合作能力、自主学习能力、探究能力等，是高中生终身学习与可持续发展的坚实基础。基于应试教育背景下，大部分高中英语教师对学生主体性关注度不足，挫伤学生学习热情与动力。因此，在培养学生学习能力过程中，可以从以下维度着手。首先，鼓励学生开展独立思考。在高中英语知识与技能学习过程中，必须做到“三到”。目前，高中生英语学习面临的主要问题则是“眼到，心不到”，粗略、盲目地浏览，难以记忆重点词汇与句型。特别是在英语阅读过程中，遇到无法理解的英语词汇时，往往过于依赖他人或根据文章上下文进行猜测，不会主动翻阅词典查阅。对此，在培育学生学习能力的过程中，需改进学生以往的学习方法，重点强调。其次，运用小组合作学习模式，加强师生、生生交流与互动，激发学生英语知识探究欲望和探究能力，与同学交流合作中取长补短、共同进步。基于小组合作学习模式下，英语教师需合理分配小组成员，遵循组间相似、组内相异的基本原则，不仅使各小组之间形成良性竞争的局面，亦实现小组成员之间分工协作、共同投入英语知识与技能学习。

三、加强问题引导，塑造思维品质

思维品质是指学生英语语言学习与应用的逻辑性、创新性、批判性等综合能力。要求高中英语教学过程中，不仅传授语言知识，亦要渗透一种思维方式，使学生在语言知识与技能学习过程中，形成良好的思维品质与特定思维方式。培育学生英语思维品质需要语言知识不断积累，单一地死记硬背很难实现这一目标。为促进学生思维发散，问题是课堂教学的逻辑起点，高中英语教师需精心设计问题，基于问题导向下引导学生思考、推理与探究，逐步训练思维与品质。高中英语教师需充分认知问题引导的重要性，基于问题导向开展课堂教学，对学生形成吸引和启发，使其主动思考和探究，发现解决问题的策略，使学生面对疑难问题时有强烈的探究精神。教师需合理把握课堂教学节奏，在提出问题后鼓励学生踊跃发言、大胆创新、敢于质疑和批判，但亦要为课堂教学留白，即保证学生有充足的独立思考时间。与此同时，为激发学生学习兴趣，应营造轻松的课堂问题探究氛围，针对学生的问题严肃认真解答，通过教师的一句赞扬、眼神鼓励，触动学生心灵、激发学习兴趣。事实上，高中英语课堂教学中，万马齐喑的教学现状并不利于学生思维品质形成与思维方式发展，而是促进学生发挥个性，形成独特的英语学习思维。

四、注重文化交际，拓展文化意识

文化意识就是对中外文化和中华优秀传统文化形成认同，并基于全球化经济背景下，体现出的文化态度、文化认知、文化行为等。新课程改革要求高中英语课堂教学中，不仅要渗透英语知识与技能，更要加强文化教育，培养学生跨文化交际意识与能力。在社会高速发展与进步的背景下，社会需要“高精尖”人才，高中英语教学中渗透文化意识是促进学生素质重组、核心素养形成的关键。立足学生视角下，高中生正处于青春期，思想价值观念尚未完全形成，且并未参与过社会工作，缺少相应的社会阅历和经验，存在一定的叛逆思想，外界思潮与文化对其影响十分深刻，对高中生的学习与未来发展亦有不利因素。对此，高中英语课堂教学过程中，英语教师需提高文化教育重视度，渗透各类文化知识与意识，为高中生健康成长和发展奠定坚实基础。除此之外，高中英语教师还可以引入中西方文化差异，在对比分析中培养学生的文化意识，在带领学生深入挖掘英语文化背景基础上，引入中华优秀传统文化，培养学生的文化认同、文化自信心，提高跨文化交际意识与能力。

为充分凸显高中英语学科育人价值，应加强核心素养与学科核心素养的理论研究，结合高中英语教学现状，着力促进学生健康全面发展，从语言能力、学习能力、思维品质、文化意识等维度，促进学生学科核心素养形成，为学生未来英语学习、适应经济全球化发展奠定坚实基础。

第三章 核心素养理念下的项目式教学策略

第一节 英语项目式学习指向语言素养培养

现今全球的趋势和21世纪教育的重点是培育下一代在当今世界取得成功所需要的素养和能力；在核心学术内容之上，培养和建立批判性思维能力、合作能力、沟通能力、分析能力和创造性解决问题的能力。教人读书、做事、做人涵盖了学校教育的过程与结果。项目式学习最大的优势是它可以扩展课程，让课程结合全球化环境下与人们生活和需求相关的一些真实的社会话题，引导学生关注社会、关注生活，以适应不断变化的世界，引领学生未来发展，成为人生赢家。

英语项目式学习聚焦第二语言的习得，不同于一般的英语课，它更加注重运用英语进行批判性思考和探究的能力。根据斯托勒的研究，满足以下条件就是成功的语言项目式学习。

（1）同时指向结果和过程。

（2）学生在一定程度上起主导作用。

（3）要超出一节课的时间。

（4）整合内容和语言的学习，同时包含个体和小组的学习。

（5）要求学生对过程和结果进行反思。

英语项目式学习指向学生的英语语言素养培养，在真实的语言情境中培养学生运用英语语言知识思维和交际的能力，使语言学习变得真实可感。学习素养不等同于知识的积累，而是灵活地运用所学知识解决生活中的基本问题。学习素养是指在不同的情境中能够创造性地解决问题，对生活情境的学习能力和应变能力是素养的核心。如何运用所学知识灵活地解决现实中的生活问题是每一位21世纪的学生必备素养。学习语言最重要的目的是满足交流，真实的驱动性问题让学生产生迫切的交流意愿，激励他们冲破语言障碍，灵活运用词汇知识和语法内容来表述自己的愿望和想法。那些仅仅局限在英语课堂上的孤立的、切割的、单调的、密集的语言重复训练及在现实中没有进行过知识迁移的语言，只会增加学生的厌学情绪。只有当学生在生活中运用语言技能整合概念知识、个性化表达观点时；只有当英语作为学生交流思考、表达创造的工具时；只有当包括听、说、读、写的语言学习得到整体性体现时，学生的学习需求才会得到更大的满足。

英语项目式学习在词汇运用和语法教学两个方面具有正向的促进作用。学生将课堂语言编制进有意义的协商建构中，灵活转换语言表述以达到让他人理解自己语言表达意见的目的，这一过程不是单纯地复述或测试词汇语法，而是运用所学语言进行真正的沟通，努力解决问题，这种真正意义上的互动交流极大限度地提高了学生的沟通能力。在英语项目式学习过程中，学生不仅丰富和扩展了语言知识，而且有更强的学习动机，产生了关于概念知识的深度理解，更好地掌握了英语思维技能。英语项目式学习为英语语言的学习创造了真实而有意义的情境。学生通过对主题知识进行个性化的知识运用，有意识地反复运用特定词汇进行大量的词汇输入和输出，克服了口头表达的恐惧心理，并且将所学知识与现实生活建立有效联系，提升了口语自信度，大大发展了沟通能力。

好的项目式学习能够引发学生广泛查阅项目的背景知识，并对其进行深刻的思考，因此，教师需要提供明确的信息来帮助学生做出判断，把英语项目式学习看作一个提出问题—回答问题—解决问题—得出结论的过程，在项目式学习过程中，引导学生运用推理概括等培养自己的批判性思维。在解决问题的过程中，学生需要获取相关知识并学以致用，提高综合运用语言知识的水平和能力。通过合作解决真实情境中的复杂问题，学生的合作交流能力、动手操作能力、创造能力与批判性思维均得到很大提高。另外，学生在团队协作的过程中，不可避免地出现不同的意见，即可能会对相关问题提出赞成意见和反对意见，共同探讨问题的解决方式而进行各种不同的争辩。学生在此过程中寻求合理解决问题的途径，最终经过整个过程中的深入学习，培养了21世纪应具备的基本技能——探究协作能力、沟通能力和创造性，取得更好的项目学习成果。

目前，普通高中存在的最大问题是当我们把众多高考科目类的知识、技能类的课程排得满满当当的时候，再用另外一套系统来重新确立学生的学习目标，培养学生的核心素养是有相当难度的。这种“两张皮”的学习状态，并不能从本质上改变学生的学习状态，因此，契合学生原有的课本知识来开展项目式学习才是我们在课堂改革中应该关注的重中之重，如何将已有的核心知识和项目式学习相结合便是我们研究的焦点。如何在项目式学习中提出驱动性问题？如何设计具有真实生活含义的学习情境？何种项目式学习任务能充分改变学生的学习方式和思维方式？如何激发学生学习的原动力，使他们主动地投入学习？学生学习方式的转变主要源于学习设计者的导向问题，好的学习项目设计可以有效地促进学生知识能力素养的融合。这不仅要求我们对课程标准进行充分解读，还要求我们基于学科概念理解课程标准中的核心能力和关键问题，引发学生思考学习内容在现实世界中的意义和作用。

在项目式学习中，教师必须考虑如下四个关键问题。

（1）如何设计才能够真正驱动学生主动学习和合作学习？

（2）如何平衡书本知识和项目式学习知识的现实情境？

（3）哪些项目式学习的成果展示最能凸显学生学习能力的提升？

（4）我们如何在项目式学习中激发学生的主动学习和探究精神？

这些问题要求教师从教学模块的整体构造出发，为学生合理搭建每一个单元的项目式学习的总体任务以及该项学习下分解的小任务，通过逐步实现小任务来完成整个项目学习，真正地实现学生学习知识迁移的学习过程。

英语项目式学习必须是自然而然地走进学生的生活，这种学习的存在才会更加美好。基于项目式学习开展单元主题教学，可以使主题与学生生活紧密相连，极大地调动学生的学习兴趣和已有的生活经验，在单元学习的过程中，基于已有的生活或学习经验建构主题知识脉络并重新审视主题概念。在实践项目学习的过程中，将主题与生活紧密相连。如果课堂只是按部就班地讲授知识，那就如同记流水账一样记录一天的经历，学生会觉得索然无味；如果教师在课堂教学开始之前联系生活想象课堂中需要讲授的知识及需要安排的主题教学活动，那么这个课堂就是富有生命力的课堂，这样的课堂会给学生带来很多思想和知识的冲击，也会让学生爱上这个堂课。教师围绕单元主题，站在主题概念的高度上，建构单元整体教学和课堂教学，必然会收获别样的教学效果。

第二节 英语项目式学习对学生能力的培养

一、英语项目式学习强调整体设计

学生的学习和成长是不可替代的，如何最大限度地开发学生的学习潜能才是重中之重。作为学生学习的引路者，教师最需要做的事情是创设学生在实践学习中不断成长的优良环境，为学生提供发展的助力。英语项目式学习让学生经历有意义的学习实践历程，包含知识、行动和态度的“实习实践”，锻炼和培育学生在复杂情境中灵活地转换心智。在团队协作完成项目式学习的过程中基本会涉及五种学习实践形态，包括探究性实践、调控性实践、社会性实践、审美性实践和技术性实践。其中，探究性实践几乎在所有的项目式学习中都会被用到，在运用探究性实践形态时，学生往往把自己看作遇到难题并积极解决问题的人，从对现实世界的观察与调查中产生问题、提出问题，然后联系所学的主题概念知识，建构理解或运用推理进行批判性思考，在现实生活中迁移知识，验证项目成果的相关解释，讨论解释和成果设计的适切性，最后进行修订完善。切实的项目式学习必须关注以下四点。

（一）认可和尊重学生的自主权

为特定的目标而努力地学习是学生实现人生意义和目标的动力。植物的良好生长需要合适的自然环境，学生的学习能力和创新能力的培养，也依赖于教师积极创造和充满想象力的土壤。如何让学生体验全身心投入的充实感和成就感，需要教师为学生搭建发挥自己创造力和表现力的平台。在项目学习中，教师应重点关注学生必须拥有的技能和态度。教师不可能在一个项目式学习中培养学生所有的21世纪技能，因此，一个好的项目评估的技能不能过多，只需把几个重要的技能教好。教师一定要充分意识到“冰山教学理念”的重要性，意识到学生的创造力产生于他们的心理。创造性教学要求教师将注意力转移到内在发现的过程中，留给学生充分的时间集思广益、深入学习、相互探讨。

在项目式学习中，教师不是将项目作为传统课程结束后的展示表演或附加实例，而是在项目开始之初便让学生了解他们即将学到的知识是用来做什么的，所有的知识和技能都被问题结构化、组织化，以驱动学生的学习动力，启动学生的自我系统。每一位学生都应该知道，除了应对考试之外，所学内容还具有一定的社会意义和价值感，从而发现自身与世界的联系。学生在持续探究项目的过程中，通过项目式学习来理解重要的主题概念，对于学科有关的驱动性问题进行深入持续的探索，围绕主题意义建构知识脉络和解决问题，形成对核心知识和学习历程的深刻理解，在新情境中迁移运用，调动所有知识、能力、品质等创造性地解决新问题，形成公开成果。因此，项目式学习的最终目的是帮助学生实现知识的再建构。知识的再建构最重要的表现是能够在新的情境中迁移、运用，除了转换和产生新知识外，不能运用周围的各种知识和资源来解决实际问题，并且要在行动中做出来。当学生在新的情境中能够运用以往的经验产生出知识，就意味着迁移和知识再建构的发生。如果主要的项目活动对于学生来说没有挑战性，只是知识的应用或者学生已经学会的技能的二次呈现，这就不是真正意义的项目式学习了。

（二）设计真实性的且有意义的项目

项目必须深入问题，探索答案，并且能够引导学生关注社会、关注社区，要让学生觉得一切努力都是值得的，因为学生作为未来的“世界公民”，正在为社会或社区贡献自己的微薄之力。对于有创意的项目，教师可以根据课程标准或教学单元，将其巧妙地设计在项目学习中。学校和社区周围的自然保护中心、家庭或社区存在的实际问题、学生个人发展和个人成长中存在的任何问题都是项目学习的指引方向。为了引导学生关注与课程相关的国内外重大事件，教师应围绕该问题进行适当的项目规划，因为项目的学习与学生的生活息息相关。在项目开始之初，教师要告知学生，期望学生从项目中学到什么以及学生如何完成这一项目。在不看重分数而看重创新与变革的未来，好的项目应该赋予学生真实的挑战，引发学生积极参与，鼓励学生寻求更好的解决方法，并创造出更为真实和有意义的方法，解答亟待解决的问题。项目提出的问题必须具有开放性，值得探究、鼓励、批判，强调解决问题，为了圆满地回答这个问题，学生必须在掌握核心知识技能的基础上，具备深层学习和探究的能力。

真实项目并不要求学生学习活动中的每个要素都必须是真实的，而是要让学生看到知识和世界的某种联系。项目式学习更强调思维的真实，其所指的真实主要有如下三个方面。

（1）所学知识和能力的真实。

（2）所运用的思维方式的真实。开展与生活实际关联的项目，对学生来说能积累非常有价值的学习经验。

（3）产生可改善自己或周围环境的成果。

这项成果对自己、对他人或对周围世界都是有意义的，它能真实地触动学习者自己或者周围的世界。项目式学习将学生、学校、社区和现实世界联系起来，使学生通过探究解决那些对自己、对社区或对世界有益的问题，更好地实现自我发展。项目式学习会使学生在知识的传递、知识学习的深度、主动投入的学习态度和自我认识的发展上有更好的表现。项目式学习对现实世界的关注会让那些对学习原本不感兴趣的学生投入学习，使学生形成大格局的心智自由，让学生对于自我与英语学科之间、英语与生活之间的关联性进行深入的思考。虽然机械记忆应对考试时取得成效更快，但如果学生一味地被要求服从考试、关注标准答案，将很难形成创造力与批判性思维。这种方式往往把教育的目标局限得过小，放弃了形成学生更大格局的心智习惯的可能性。

（三）设计系统化教学进度表

项目式学习具有学习设计和课程设计的系统性，需要整合考虑知识认知策略、学习实践、个人和团队的学习成果等诸多方面。每一个项目式学习都会涉及至少三种实践，其中，探究性实践、社会性实践和调控性实践是不可或缺的。有些学生会采用更偏向审美性实践的方式来解决问题，有些学生会采用更偏向技术性实践的方式来解决问题，教师应允许学生用艺术的、实用的、科学的、文学的等不同方式表现他们的项目式学习成果。项目式学习的持续探究式的学习历程打破了原来学科学习中单课落实的特征，从整体单元的角度进行设计，在持续的学习过程中，课与课之间明显的、堂堂清的特征被削弱了，更多地呈现出解决驱动性问题的阶段过程。在解决问题的一个阶段中可能会包含若干节课的组合，形成一个经验单元。这里需要说明的是，微知识点没有必要设计项目式学习。

明晰核心内容后，需要构建核心概念，合理确定项目结果，采用逆向规划方法，制订项目的执行计划。教师教授重要内容时，将项目分解成若干步，设计加深理解的系统化教学进度表。

（四）设计指向高阶思维能力的项目

埃里克森等人在以概念为本的课程设计中指出，从事实到主题，再到概念是一个知识不断抽象化的过程，为了促进学生的真正理解与迁移，需要上升到概念以上的层级来进行思考。零碎的信息储存式的学习难以转换心智和跨情境迁移。会学的关键在于形成概念性的思维，运用概念来整合思维进行迁移，深度学习理解并整合运用知识。项目式学习是概念的聚合器，聚集零碎知识信息，有效整合事实性知识。教师要鼓励学生在情境中深入理解主题概念，产生超越事实的抽象思维。项目式学习促进学生更深刻地理解概念知识，经过深度的创造性思考之后发展出更深层次的思维，让学生意识到每一个学科都是动态的和灵活的，包含了探索和思考，而不是简单地识记与背诵知识。

项目式学习利用高阶学习带动低阶学习，指向高阶思维能力。因为考试的驱动，在日常教学中，教师通常会花大量时间让学生进行知识的识记和练习，然后再讲授，从具体而琐碎的知识和技能开始一点点为学生夯实基础，因而没有时间让学生进行高阶学习。项目式学习在一开始就用具有挑战性的问题创造高阶思维的情境，激发学生学习的内动力，明确学生提出的带有问题解决、创造、系统推理分析等高阶认知策略的项目任务，让学生在由强大的驱动性问题所产生的内动力中创造一个真实的作品。在完成作品的过程中与各种材料和文本互动，学生再进行低阶学习，主动查找、识记信息，将信息组织化，巩固和理解信息，为完成这一作品所需要的知识网络和技能做准备。项目式学习指向的是真实的问题解决、探究性的学习历程以及知识与技能在情境中的建构，注重持续性的、深入探究的学习方式，产生可见的公开成果。项目式学习有清晰的目标，尤其指向目标中的核心知识、高阶认知策略的定位。

二、英语项目式学习激发团队协作

时至今日，工作机会可遇而不可求，大学生的失业率越来越高，全球职业竞争日趋激烈。因此，以前所定的目标已经满足不了现在的学生。作为一名教师，我们的任务就是让学生为大学、为工作、为以后的生活做好准备。这些都要求我们为学生的职业生涯做好准备，我们可以把职业生涯准备作为激励工具，告诉学生全球人力需求和竞争性学校制度，让他们了解国内外的学生取得的成就，让他们知道其他教育制度是如何定义世界级教育的。21世纪既充满竞争，又协同合作，竞争与合作的和谐交响将成为世纪主旋律，团队精神已成为效益最大化的代名词。在优秀的项目式学习中，教师引导学生完成项目，既激发学生合作，又充分鼓励学生善于迎接挑战，激发其内在的竞争力量，因为竞争与合作是互为依存的关系。

教师应教育学生通过合作凝聚成一个团队，共同追求质量或目标，这是赋予学生最有意义的技能。

（一）激发团队学习的最大效率

在项目式学习前，教师应了解每一个学生的特长，从学生的角度出发，科学合理地分配成员的角色，或者鼓励学生自主选择自己在团队中所担当的角色。当采用直接教学法的时候，学生的学习小组不必固定不变。在展开项目合作的时候，教师可以把直接教学法中学习成绩比较优秀的学生分到不同的团队，领导新的团队成员来解决关键问题，实现资源的最佳分配。千万不要因为少数学生的参与度不够而放弃大多数，应该给学生恰当的指导，尽管有个别学生不愿意参加合作学习，但是大部分学生是想要积极参与的，不要因为少数学生的不主动而放弃整个项目的策划。

教师应该鼓励学生将自己的小组建设为一个有统一目标的小团队，鼓励每一个小组为自己的团队起一个积极的团队名称。团队名称应有创意且具有积极的意义，从而引领成员的团队行动力，培养他们积极主动的学习习惯，这也是将来的一个评价量规打分点。团队建设强调目标达成，每一位学生都要明确各自的角色，共同建立完成同一个任务的意向和决心，有助于团队成员采取集体行动。团队的共同使命驱动着成员朝着同一个方向努力。团队成员也就能得到更有意义的发展。因此，教师作为指导者最重要的任务是引导团队成员相互支持和协作，使得学生能提出更多、更精彩的解决方案，促进彼此之间思维的碰撞，形成并促进批判性思维的发展，创造出精彩的项目成果。

项目式学习启动后，将逐渐由以教师为主导转变成以学生为主体，互相督促，完成各自在团队中的任务和角色。在项目式学习中，学生承担着不同的角色，在汇报的过程中需要提出一个小组或团队清晰界定的解决方法，如我们作为什么角色来完成、创造、设计或创新？团队需要达成一个什么样的目的？哪一位成员负责项目的研究和测试？哪一位成员负责撰写项目调查和中期报告？在整个过程中，教师要教会团队成员学会倾听和分享以及如何将自己的成果和调查结果综合到整个团队的成果报告中，为良好的团队协作打下基础。在团队协作完成项目的过程中，学生通过发现彼此的优点和缺点，比较自己的短板和他人的优势，不断反思，促进个人发展。21 世纪的教师最重要的任务是教会学生如何进行团队合作。在团队发展的最初阶段，教师需要给予他们必要的支持与指导，当团队上升到一定高度的时候，成员之间可以协作得自然顺畅，完成的任务自然能达到很好的效果。为了避免团队之间相互效仿，最好的做法是要求不同的团队从不同的角度来处理教师提出的驱动性问题，这样就会得到很多独到的解决方案分析和评论方法。

每一个学生都是见多识广的数字化、专家型学习者，学生既可以借助铺天盖地的网络信息和多种应用软件来辅助他们的项目学习，也可以通过 PPT 或者小的 MV 或抖音视频来设计、制作和展示成果。运用社交媒体提高学生的参与度和协作沟通技能，这一过程代表了未来教育的发展趋势，也有利于学生不断扩展自己的知识储备。教师应保证整个项目学习、实践和协作同步进行。学生展示的成果必须是学习内容和方法技巧相结合的成果。在团队分享和展示项目成果的同时，教师鼓励他们和其他团队讨论项目内容，展开积极的互动，在接受其他团队信息的同时，针对自己团队的学习成果和内容得到恰当的反馈，以建立理解性的对话。

项目式学习团队合作结束之后，进行全班交流。在对每一个项目学习成果进行汇报的时候，团队代表必须先介绍每一个团队成员在这个项目学习中承担的角色，给角色一个清晰的定位。在学生汇报的过程中，其他学生可以作为项目合作者或裁判，用教师制定的合作评价量表和成果评价量规对团队的成果汇报和成员的表现进行评价，鼓励合作学习中做出贡献的成员以及评价消极怠工的成员。汇报项目成果很容易陷入“报幕式交流”的误区：团队代表各讲各的，组与组之间没有任何互动，彼此割裂……解决该问题的关键是教师需要在第一个团队代表发言之前，提出清晰明确的指令要求。第一个团队代表发言之后，其他团队代表在介绍本组合作的学习成果之前，先对前面团队代表的发言，或评价，或补充，或提问，或质疑……在此基础上，再介绍自己团队的合作成果。这样一来，团队与团队之间就有了互动、对话和交流。在汇报问题成果的时候，学生的表现和展示的技能与知识，能够表明他们已经达到了课程标准所规定的。为了深入地体现成果的真实性，可以在完成调查 PPT 之后，在学生之间展开辩论，争取利用项目式学习培养学生更深层次的学习理念或思维方式，所得的项目成果能够为整个班级做出贡献。另外，教师可以把项目成果变成档案记录下来，学生在学习中取得的进步成果可以包含 PPT、视频等，绘制的优秀作品会变成每一个学生完整的学习档案，成为见证学生成长的重要参考资料。

在评价团队项目式学习成果时，教师对学生提交的成果不宜过度表扬或过度批评，可以直接而诚恳地告知学生在哪些方面做得好，哪些方面需要改进，让学生明确自己的短处与缺点，学会自我反思，鼓励学生去寻找适合自己提高成绩的最佳办法，客观评价自己在成果中扮演的角色的优劣表现，同时让学生看到教师是诚心帮助他们提高成绩的。注重客观评价，学会用观察资料和收集的数据作为学生和教师评价成果的一个依据，不能只有一个主观的评价和判断，而应该让学生学会用数据说话。

当前，教育中最大的问题是学生只是信息和知识的被动接受者，而非具有终身学习精神的主动参与者。造成这一问题的责任不在于学生，而在于教师。为了避免团队中出现消极怠工、不负责任的情况，可以让学生在参与团队活动之前签署团队协议，协议中要求学生必须记住承诺，一旦不积极主动地参与团队活动，其他成员可以解雇队员，被解雇的队员只能独立完成整个项目。此外，为团队表现设计“感恩墙”是加强团队凝聚力的一个非常好的方法。

（二）建构灵活的评价量规

项目学习的评价也是我们需要考虑的一个重要问题。如何融合教师的教学理念和教学思维，指向对学生掌握知识的评测体制，需要教师突破传统的学习形态，搭建行动的框架，构建崭新的学习模式。通过客观的评价依据，教会学生采用正确的学习方法，运用科学的调查方法来取得学习成果，确保学生了解什么是客观的评价和判断，为学生进行自我评价和同学互评制定一个切实可行的评价量规和标准。

创建灵活的评分手册来记录学生的学习技能和取得的进步。好的评价量规既可以评定学生所在的小组表现和学生个人表现，又可以在整个项目的执行过程中，为学生的表现提供一个良好的参照。在项目开始前，制定合理的团队协作量规，让学生通过量规来衡量自己的团队行为，衡量自己在团队中的贡献和倾听度，并且在整个项目过程中贯彻使用，包括小测验、同学互评和教师观察的格式化评估，定期审查学生的项目工作。在检验学生学习成果的过程中，教师应随时注意到学生的知识漏洞，也就是学习过程中学生明显的问题点。在随后的课程中，如果涉及这方面的知识，教师应该努力弥补漏洞。

为学生制定一个行为反思量规。通过这种方式督促学生在执行整个项目式学习的过程中，充分发挥自己的最大能力，记录自己取得的进步，展示自己的学习成果。详细的评估列表不仅能够让学生对自己及他人有一个充分的反馈和评估，而且教师可以在量规中加入突破性表现，评分时给予学生额外的鼓励和评定，激发学生的创新思维。

项目式学习成果展示包含制作表现类成果和解释说明类成果。其中，制作表现类成果包括食谱、菜单、网站、地图、戏剧表演等；解释说明类成果包括 PPT 报告、书面报告、研究报告、口头报告、海报、演讲等。

设计的成果质量核查标准包括以下指标：是否反映了对概念的深层理解？是否指向目标中的高阶认知策略？是否回答了驱动型问题？是否让不同类型的学生有选择性的成果？是否指向核心问题的解决和核心知识的深度理解？等等。成果展示的评分量规应强调驱动性问题的回答。

项目的成果评价也是现实社会关联度对项目的评价。在项目学习的执行过程中，学生的思考与合作的质量是最应该被关注的，完美的项目学习并非为了找到完美的解决方法，而是为了得到更好的解决办法。如果项目学习的周期太长或挑战的难度太大，可能会造成学生的学习重心不明朗，学生的项目成绩难以评估，往往会取得相反的项目效果。好的项目学习需要的标准时间是 2 ~ 4 周，少于一周的项目时长无法让学生深入思考、深入合作、深入解决。项目学习的主题，以不超过两个或三个为佳。从一个驱动性问题着手驱动整个项目的执行，应采用同样的标准进行评估。

最重要的是教师能够用项目向学生诠释学习和生活之间的密切联系，因此，项目式学习评价必须以核心内容作为基本的准则。另外，评价量规对学生的项目指导要有针对性，鼓励学生对照量规自我反思并提出最佳表现的要求。教师应鼓励学生坚持不懈，避免学生知难而退，充分利用好这个时期的学生脾性不定的青春期特点，做一个好的导师，搭建师生间信任的桥梁。教师必须做一个严肃的教练，不能降低对学生项目要求的标准，英语项目式学习评价量规比例要适当分配，其中，应该包含学生的语言表达能力、使用语言的正确率，以及使用新语言的频率。团队合作得分至少占项目分数的百分之十，其中，包含团队成员根据自己理解的主题概念回答相关问题的正确率、团队成员在团队协作中的职业道德和协作能力，以及扎实的通用工作技能。

一年的项目学习不可能培养学生所有 21 世纪人才所需要的重要技能，教师需通过循序渐进的项目设计不断更新评价量规。通过提高评价量规要求增加项目难度和提高项目挑战性，使学生掌握这些必备技能。开展项目本着精而专的原则把一个项目贯穿始终，不宜多而杂，避免降低项目完成的质量。对未来人才的要求，毕竟还是以知识为驱动、以技能为主导、以结果为衡量标准，项目式学习正好符合这项要求。

三、英语项目式学习培养终身学习者

英语学科项目式学习主要是以学科类的关键概念或能力为载体，指向学科的本质。教师应从课程的角度来审视自己的教学，明确最终的课程目标、英语核心知识、关键概念和其他系列知识之间的关系，以及它们与真实世界之间的联系等本质问题。英语项目式学习可能需要进行 2 ～ 3 周或更长时段的单元设计，而并非一节课的单独训练。因此，教师需要有效地整合项目式学习与日常课程，有时候是学完主题知识再进行项目，有时候是项目中包含知识和技能的学习，也就是项目式学习与知识和技能的学习同步进行。

（一）课程标准是英语项目式学习的指南针

在设计英语项目时，教师必须甄选有意义的课程标准，解决需要解决的问题，好的标准塑造好的项目；遵循学生理解和探究的深度，鼓励学生展示自己的发现，对自己的项目负责。虽然一个项目式学习所经历的时间可能比较久，但是学生在成长的过程中掌握的是知识和技能，他们不可能在一个学期或一个学年就取得很多、很大的成果。教师可以制定一个全面的、长达一学期的项目，规划学生的学习过程，真正发挥它的作用和价值。在这种情形下，教师对项目式学习进行全盘思考和定位就显得尤为重要。因此，英语项目式学习要根据学生现阶段的学习时间和年级来设计，同时，结合基本的课程标准中学生应该掌握的基本技能，符合该年级学生的挑战水平，规划切合实际的项目。这就要求设计项目时，确定要围绕哪几个固定的标准开展项目，通过这个项目学习学生发展了自己在课程标准中哪一方面的必需技能、哪些标准可以通过普通的教学来传授、这一阶段或者年级教学的重点是什么、项目式学习能够辅助教材给学生提供什么样的帮助、将来的成果和普通的学习项目有什么区别。结合这几个问题去考虑，项目式学习才会更切合实际。项目式学习的重点应该是获得了什么样的学习技能，而不单纯是教材范围内一些内容和知识的掌握，所以项目开始前对课程标准进行定位至关重要。

（二）教材是项目式学习的重要助理

新教材话题丰富，教材探究主题意义和表达能力的培养，每单元提供内容丰富、主题意义鲜明的两篇主课文，这种设计就是为了让学生克服困难，自主阅读获取英语世界信息的能力。单元其他结构和内容围绕单元话题探究提供支持和资源，突出思维能力训练和技能、语用知识的融合，将文化更精妙地融入话题内容，成为语言学习的重要维度，更适合操作性的表达和课外综合语用活动。新教材强调的是更多地了解信息，从教语言到教语意，注重学生依据不同文体转换不同的阅读方法的能力，让学生真正享受阅读带来的愉悦。教师需要在情境中丰富学生对主题概念的认识，让他们有机会运用主题概念，以概念为工具来解决问题，通过高阶学习带动低阶学习。项目式学习聚焦于超越知识点的概念，要突破单课时制，即用若干节课对一个概念完整理解的视角来进行设计。

教师采用单元整体设计的方法可以在课时不变的情况下提升教学价值。项目学习以探究单元的方式呈现，把项目融入一个完整的教学单元中，以单元主题概念为起点，基于学科素养展开和主题相关的探究活动，突破单节课的束缚，能够更好地达成项目式学习的核心目标。项目式学习使学生对所学内容的记忆更长久和深刻，学生通过模块组织单元知识，可以更好地将项目式学习中学到的知识运用到其他的场景中。好的英语项目式学习需要学生创造想象，重构知识与情境的关系。一个完整的项目便是一个完整的教学单元。教师应在教材的作业中加入项目式学习内容，通过教材驱动学生的求知欲，基于凸显探究性与高阶思维的特征，包容和整合基础知识与基本技能，以帮助学生更好地掌握学习内容，体现知行合一，这样做会产生更好的教学效果，也更加务实。教师应站在学科的高度来强调知行合一，而不是让学生孤立地学习主题。有张力的项目会吸引学生思考得更多，因为项目式学习的进程是一个深度思考问题和解决批判性重构知识的过程，不断发现新知识核心观点的乐趣会推动学生继续前进。

（三）教师是项目式学习的设计者和支持者

英语词汇和知识记忆作为一种低端技能，仅仅是对基础知识的识记，可以通过及时复习和背诵等方式被巩固加深，但很难锻炼学生的心智。而项目式学习可以激发学生连续性的记忆（在过去的知识和新信息之间建立联系）、情感性的记忆（与学生情感相关联的记忆）和生存记忆（帮助他们生存的内容）。

项目式学习要求教师明确自己在学生学习过程中所扮演的角色，采取不一样的教学方式。英语教师的主要角色是“facilitator”，即学生学习的促进者或推动者，不能做独霸讲台的“演说家”。教师不仅要引导学生学习知识内容，还要教授特定的主题知识，在教学中找到教和学之间的平衡，少讲多学，目标是让学生深度学习。所以，一个单元需要教授的课程应控制在3 ~ 5个。学生探索驱动性问题之前需要了解必要的基本信息，足以让他们回答相关问题。在项目学习的早期应让学生做更多的研究和教师采取直接教学，而在后期应该把重点放在项目的解决方案和成果展示上。课堂教学在项目中能够起到很好的作用，在课堂教学中教师要处理好和学生的互动，合理安排好项目的哪一部分采取直接教学法更为合适，要规划好哪些内容属于直接教学的范畴，把知识分级，确定哪些知识只需要了解，哪些知识比较重要或哪些需要持久记忆，帮助学生了解必要的真理性或基础性的知识；学生需要深入理解项目的背景知识和基础知识，其中包括项目的惯例和基本词汇，需要掌握关于项目的基本事实。教师合理定位核心知识，将本单元的核心知识和本质问题转化为驱动性问题，设计结合项目的高阶认知策略和主要的学习实践，明确学习成果和公开方式，并且设计覆盖全程的评价，这也是逆向设计的一种体现。

（四）为终身学习奠基是项目式学习的终极目标

项目式学习聚焦概念性知识，过于注重语言知识点的教学带来的主要问题是学生对所学的内容没有整体观，一旦遇到具体真实的情境，学生就很难灵活运用。教师如果在教学中花费过多的时间教授知识点，留给学生高阶学习的时间相对较少，学生便不能对所学知识进行及时的思考、讨论和练习，对所学内容的理解深度也就不够了。如果单纯地把课堂看作知识点的组合讲解，那么将大大地限制学生的思维和考虑问题的视角，他们习得的知识就很难产生迁移和创造智慧。因此，在教学中教师要做一个很好的语篇阅读者，在情感和欣赏中与语篇交流。

信息时代的外语教育是追求信息理解的教育，核心词汇的组合是段落的基本内容，高效阅读的关键点在于理解核心词汇组合的意义，在理解意义的基础上再谈词语的使用价值，学习语言承载的信息和语言表述信息的方式。如何从讲练语言转换到教会学生获取基本的语言学习能力，让学生学会学习？在这一背景下，教师应该具备注重“大概念、高效率”的思想意识，只有提高自身的信息处理能力，才能够带动学生在信息突变的时代下学会获取信息、处理信息的能力。如果我们把学生的英语学习与现实世界和价值观联系起来，学生的语言学习就会更有意义，这样的教育也更有意义。教师更应该传递时代的正义之声，引导学生关注和了解世界，给学生正能量。

传统的背诵式的学习方式展现出的惰性知识，无益于学生在真实世界中的理解和生存。相反，学生运用更加进步的、开放的、基于项目的学习形成了更加灵活和有用的知识，并能够在一系列不同的场景中运用这些知识。终身学习者的任务是要对大概念的意义和价值永远保持探究的精神。项目式学习聚焦概念性知识，学生能运用这个概念作为分析新情境的工具，概念性知识超越事实层面指向思维，整合各种事实性知识。缺乏概念的整合事实性知识始终处在零散的水平上，概念可以让学生将事实性知识作为材料和内容进行抽象性的思考。

在设计项目式学习时，教师需要挖掘程序性知识背后的概念，这些项目式学习能促进学生获得程序性知识。教师帮助学生理解程序性知识背后所蕴藏的中心概念，就会将这种理解迁移到其他情境中进行创造。项目式学习不仅可以有效地促进程序性知识的整合，促进学生对事实性知识的细节理解，也有利于知识的传递，因为它指向了概念的深层次理解和迁移，不排斥对事实性和技能性知识的学习。围绕主题的事实性知识是学生发展思维的基础和内容，项目式学习就像一杯鸡尾酒，协调了不同类型的知识。概念是项目式学习的直接知识目标，是骨架和灵魂；而事实性知识和程序性知识是项目式学习的骨肉，丰富了学生对概念的理解。

第三节 英语项目式学习深化主题意义的实施策略

一、项目式学习围绕主题单元创生价值愿景

项目式学习在一开始就用具有挑战性的问题创造高阶思维的情境，激发学生学习的内动力，明确对学生提出带有问题解决、创造、系统推理分析等高阶认知策略的项目任务，让学生在由强大的驱动性问题所产生的内动力中创造一个真实的作品。合理的驱动性问题需要有多个子问题来构建项目的各个阶段，同时子问题作为对驱动性问题的补充，在项目式学习的过程中启发学生的思考并复习所学主题概念。

项目式学习以半结构化的问题为中心，不仅是为了巩固学生习得的书面知识，而且通过引领学生执行项目，产生对社区有价值的成果。项目式学习能够更好地激发学生的学习兴趣，鼓励学生关注世界发展及 21 世纪必备技能，在团结协作的过程中深入学习，和同组队友交流学习所得并分享他们的观点。在和其他小组进行项目分享成果的过程中，团队之间进行有意义的互动，通过同学互价、教师评价、自我评价等多种评价方式，持续反思自己在项目式学习中知识的增长和成果的价值。项目式学习挑战是让学生和整个社区或世界息息相关。这个挑战能够引领学生在完成项目的过程中进行分析、批评、权衡、解决和选择。在项目式学习过程中，学生需要利用多种媒介挖掘信息，坚持到底。学生通过努力思考、探究知识、发掘证据、分析实施，提高表现力，构建相应的知识体系，同时，在项目学习的过程中培养学生的创造力。学生在应对项目式学习挑战的过程中不仅可以学到相关的课程标准，而且能够运用专业的语言和学科词汇来展示自己的解决方案，展示对于该项目的理解思路。在整个项目的执行过程中，不是单纯地回答对与错的

问题或是与否的问题，而是需要经历发现学习和掌握知识的过程。这样的挑战难度适中，并且很有意义。

教材单元中的事实性知识是学生发展思维的基础和内容，对文本语篇的深层次理解和迁移离不开对事实性知识和技能性知识的学习。但是教师在课时不变的情况下，仅仅进行事实性知识点教学，无疑会使学生对所学的内容缺乏整体观，今后面临具体真实的情境时很难实现语言的正迁移。因此，作为学习设计者的教师必须突破单节课的束缚，探究单元主题语境和核心概念，基于项目式学习整体设计单元教学。利用项目式学习延伸教材主题，驱动学生深入研读语篇、表达观点、展示成果、分享信息、反思自身等一系列应用实践与迁移创新活动，加深对单元事实性知识的细节掌握，增进对主题和核心概念的理解，站在学科的高度来强调知行合一，避免脱离主题意义或碎片化的理解，起到了很好的“聚沙成塔”的作用。

基于项目式学习探索单元核心概念，整体设计高中英语单元主题教学，更好地促进了学生获得事实性知识，理解事实性知识背后所蕴含的中心概念，进而掌握核心知识和核心概念，实现从低阶学习到高阶学习的知识迁移，发展学生高阶认知策略的问题解决和创建（创造一个新的文本或方案）等能力，促进学生终身学习。

二、依据项目式学习深化主题教学策略

本单元语言目标是帮助学生在不同的语境下了解动物的习性和特征，完成语言输入，恰当使用定语从句描述动物，达到有效输出。教师必须高屋建瓴，突破单课时制，有机整合课程内容“六要素”，用完整理解的视角对“维护人与动物之间的和谐关系”这个概念进行设计。一个完整的项目便是一个完整的教学单元，能充分诠释学习和生活之间的密切联系。

通过拓宽学生学习渠道，引领学生充分利用信息技术，结合信息化环境，多渠道获取英语学习资源，调控和管理自己的项目式学习过程的学习行为，实现动物知识和思维能力的迁移，思考如何处理好人与动物的关系，形成爱护动物、尊重动物、尊重自然、保护生态的正确价值观，促进终身学习能力的发展。

用传统的、背诵式的学习方式发展出的惰性知识，对于学生在真实世界中的理解是没有意义的。英语学习为学生开启了一扇了解多元文化之窗，

认识并关注周边的社会和世界，通过围绕该单元主题的项目式学习，跨学科整合生物、化学和英语知识，在语言学习的意义上扩展了对科学学科的理解，丰富了生活经验。学生对中外饮食文化差异有了更多的理解与思考，在好奇心的驱动下学生也可能探究产生中外饮食异同的历史文化原因，充分领悟世界文化的多样性和丰富性。把聚焦于超越知识点的核心概念——“健康饮食习惯”作为单元项目式学习的起点，有机联系新旧语言知识，丰富学生对多元饮食文化的认知，引导学生深入思考健康饮食和生活方式的关系。学生在基于项目式学习的基础之上深度学习主题意义的过程中，除了要掌握教材范围内关于饮食文化事实性知识的细节之外，还要挖掘事实性知识背后的概念性知识。将这种理解迁移到自身生活情境中和同伴相互交流，进行合作探究、迁移创新并传递信息，在交流、沟通中相互影响，反思和改进自己的饮食习惯，实现知识与思维能力的迁移，增进合理饮食和健康生活的意识。

英语学习单元是承载主题意义的基本单位。教材是项目式学习的有力支柱。脱离单元主题的项目式学习是不可取的。设计真实性的且有意义的项目是高中英语项目式学习的关键。在不看重分数，而看重创新与变革的未来的时代下，好的项目式学习应基于学生现有的饮食生活经验、学习兴趣和语言水平展开，符合高中学生阶段有效的英语学习实践和相应的语言能力与思维水平，结合课程标准中学生应该掌握的听、说、读、写的语言基本技能；好的项目学习赋予学生真实的挑战，引发学生积极主动参与，鼓励学生寻求更好的解决方法，并为社区和城市创造解答期待的问题，激发学生的社会责任感，实现自我价值；好的项目式学习应该激发学生的主动学习和探究精神，要求教师突破传统的学习形态，融合教学理念和教学思维，对课程标准进行充分的解读，从学科概念中理解课程标准中的核心能力和关键问题，整体构造教学模块，合理搭建每个单元项目学习的总体任务和核心概念，分解小任务，建构崭新学习模式，引发学生思考学习内容在真实世界中的意义和作用。

第四章 核心素养理念下的听力与口语教学策略

第一节 英语听力教学的方法与策略

听，不仅是语言学习的手段，也是学习的目的。学习者综合语言能力的提升可以促进听力水平的提高，同时，学习者听力水平的提高也会促进语言综合能力的发展。

英语听力理解活动是学生大脑对多层面的口语信息（如语音、词汇、句法等）进行的复杂处理，是一种积极主动的意义阐释过程。这个过程会受到语境信息和学生对信息感知能力的影响，所以听力常被认为是高中英语教学中的难点，成为教学的薄弱环节。由于听力理解活动所表现出来的内在化与个人化特点，与其他技能（说、读、写）相比，听力教学往往不受重视。许多教师错误地认为，如同儿童时期学习母语一样，只要学生多听、多练，熟悉了英语的发音习惯，听力水平就会自然而然地提高。

也有一部分教师在日常教学过程中意识到了听力教学的重要性，但往往对听力教学中的各种方法与技巧感到困惑，以致教师的听力教学方法相对而言比较传统、单一，对学生的听力训练只是发材料、放录音、对答案，这种训练模式的效果往往不够理想。还有些学生在听的过程中一旦遇到困难就放弃。有些教师会让学生反复听错误率高的地方，虽然这种方法有一定的作用，但多次的重复又会让学生反感。因此，在很多情况下，听力会出现“费时低效”现象，即经过长时间的听力训练学生的听力水平却并没有明显的提高。

一、英语听力教学的方法——听写

听写以其设计简洁、实施便利，广泛运用于传统外语听力教学和测试中。

听写可以定义为一种技术手段，特别是指学习者接收到语言信息之后，在短时记忆系统内暂时保留该信息，然后将听到的语言信息转化成文字的过程。

听写是一种需要被重新评价的方法，它是一种测试手段，更重要的是，它是一种鼓励学生提高听力和写作的准确性的一种学习活动。

听写过程可以分为以下三个步骤：第一步是感知，听力信息进入学习者的听觉系统，学习者暂时处于被动地接受状态；第二步是理解，学习者运用已有的背景知识和能力理解并推测出听力材料的意义，这一步是学习者主动地运用听力技能的过程；第三步为输出，即学习者将自己所理解的听力材料转换为书面文字。因此，听写是积极的、创造性的过程。

听写是非常可靠且具有良好的效度的方法，听写所涵盖的听力过程能如实地反映出语言信息的处理，体现其所完成的与听力相关的关键方面。有学者在大量实验测试和数据分析的基础上，证实了听写这一普遍的测试形式在语用测试中的作用。他们认为，尽管听写不直接测量某种语言技能，但这一过程需要辨别语言信息，通过大脑对已输入的语言信息进行加工处理，再迅速、精准地记录下来。其中，涉及语音、词汇、语法等多方面语言知识，并积极地进行语音辨音、篇章理解、背景联想、生词猜测和上下文推测等智力活动，同时需要学习者调动多种感官参与，综合运用其“听”的理解性技能和“写”的表达性技能。因此，与其他仅测量单一的语言技能的测试形式相比而言，听写更能全面地测定二语学习者的语言水平。

（一）标准听写

标准听写为外语听力课堂普遍的听力测试形式，即由教师当场朗读听力材料或播放事先录制好的音频材料，要求学习者准确写出所听到的听力原文。一般连续朗读 3 ~ 4 遍，第一遍以正常语速全篇朗读或播放，使听者对全文有个整体理解；第二、三遍以意群为最小单位停顿慢速朗读，听者准确记录下所听内容；最后一遍为常速，学习者进行全文检查并修订。

（二）部分听写

部分听写即删除听力材料中部分内容，所填内容为单词、词组或句子，类似完形填空的形式。要求学习者根据听力材料填写缺失部分。

（三）干扰听写

听写材料的录制过程中，不刻意排除外在的背景音或杂音，以增加听力内容的真实感，同时提升了听写的难度。

（四）听写作文

听者听一遍或数遍听力内容，听力材料播放完之后，要求学习者根据记忆，尽可能用原文词句写出所听内容，记忆模糊处可用自己的语言组织作文，以使文章词意通顺。这种测试形式在批改上有一定难度，且评分时需要有详细的评分标准。

（五）复合式听写

“复合式听写”是将“部分听写”和“听写作文”两种测试方式相结合，运用在同一的听力材料中，是一种难度较大的听写形式。

二、英语听力教学策略

听力过程是一个复杂的信息处理过程，听力策略的运用对信息的甄别、加工、识记和提取都起着举足轻重的作用。在英语听力教学中，不同的学生具有个体差异性，他们或得益于基于语言技能的教学，或得益于基于策略的教学，因此在听力教学中，不能仅传授给学生英语语言知识和技能，同时要给予针对性的策略训练。

听写是一种积极的听力课堂活动。它是学习者在听力过程中，为了达到有效的目的而采取的规则、方法、技巧及其调控方式的综合，实质上包含言语信息的输入“听”和言语信息的输出“写”两个过程。教师在听写过程中要有效地训练学生掌握语音、听力理解、单词拼写、语法等知识的技能，听写训练是培养学习者听力能力的有效形式。因此，听写作为听力课堂活动和测试的一种常见形式，以其为基础的听写策略也属于听力策略的一部分，旨在帮助学生克服听写过程的障碍，提高听写的准确性。听写策略是通过分析听写中的各类错误，即针对每一类的听写错误，提出相应的训练对策，通过听写这一综合的课堂训练，并加以必要的讲解，锻炼学生的听音、辨音、信息加工等多方面的技能，提高学生的听力水平，从而间接提升整体听力水平的一种策略。听力策略研究主要内容如下。

（一）学习者听力策略运用情况研究

学生运用听力策略的熟练程度与他们的听力水平之间呈正相关。听力水平不同的学习者所用的听力策略呈现较大差异，高分者多用社会、情感、监察、推理策略，而低分者则倾向于运用依赖母语和生词策略。其他研究也指出，高水平的听者比低水平的听者更懂得如何使用听力策略。

（二）听力策略训练对学习者听力水平的影响研究

多数研究表明，策略的使用程度对听者有着积极影响，通过认知策略培训教学实验，发现认知策略与听力成绩呈显著正相关。对元认知策略的研究结果表明，元认知策略是提高听力理解能力的重要手段，对听力理解水平的提高具有潜在的重要作用，同时对学习者听力风格的形成也有一定帮助。研究中除元认知策略、认知策略之外，其他策略较少涉及。

（三）听力问题研究

根据英语学习者听力存在的问题，寻找相应对策。例如，通过问卷，调查学习者的听力薄弱环节，采取语块、重音等相应对策进行听力训练；或者对如何实施听力策略进行详细分析；另有学者研究发现，思维训练也可以促进听力能力的发展。

第二节 英语听力策略训练

传统的英语听力教学往往以教师为中心，以语言形式为基础，听力理解过程常常被误认为是被动的、不可教的。大多数教师认为，只要提供足够量的可理解性语言输入，通过融会贯通等途径，学生的听力水平就会有相应的提高。然而，大量研究表明，听力理解是学生个体的记忆能力、概括能力、预测能力、语言转换能力的综合表现和应用过程，是学生在听的过程中主动、积极参与的过程，是语言信息解码和意义重构相结合的复杂认知过程。学生的语言熟练度越高，运用听力策略的能力就可能越强。国内外众多研究者强烈呼吁听力教师应加强策略训练意识，努力培养学生对听力策略的使用能力。这是因为策略意识及策略的有效使用能大大提高语言学习的成功概率，有助于学生把握学习过程，减少他们学习中的困惑和焦虑，保持学习热情，甚至改善学习态度，提高学习动力。这就要求教师在英语听力教学的过程中对学生有目标、有步骤地进行听力策略训练。

但是，采用什么样的训练方式、运用什么训练模式，这是重点要解决的问题。当然，听力训练方式与模式的选择会受到各种各样因素的影响，如国家的教育政策，地方教学环境，学生所处的学习阶段、语言水平、认知风格、教育文化背景、对策略训练的看法等，尤其会在很大程度上受到听力教师策略训练理念和原则的影响。

从语言教学与学习理论的角度来看，教师应该提高策略训练意识，认识到听力学习策略训练是使学生提高听力理解能力的重要途径，需引导学生做好准备，接受听力理解策略指导。也就是说，策略训练不能流于形式、浮于表面，简单应付了事，而应被视为一种切实可行的、有效的英语听力学习的手段。另外，不能走极端，不是所有的听力课堂教学都必须建立在策略指导的基础之上，更不能因为过于注重策略训练而忽略了大量真实听力材料的输入。

但是，加强策略训练意识有时可能导致某种错误观念，即认为听力学习策略是灵丹妙药。而事实上，策略训练固然能帮助学生提高英语学习的效率，但不能替代英语学习本身。英语学习需要花时间、下苦功，即便掌握了学习策略，也不能改变英语学习循序渐进、日积月累的本质。况且，成功学生使用的策略不一定适合所有的人，策略会因人、因时、因事而异，学生的学习方式、学习动机、学习态度、学习时的忧虑程度等方面的因素也会导致策略使用的差异。听力策略训练种类的多少和频率的高低，在很大程度上应取决于学生的语言水平和任务的难度。需要强调的是，有些策略是“双刃剑”，既有积极的作用，也有消极的影响，如果教师把所谓好的策略不加区别地向学生介绍，策略训练效果也不一定理想。

认识到以上几点以后，教师在实施策略训练前还要做好动员工作。首先，要调动学生学习英语的积极性，激发他们参与策略训练的强烈愿望，即策略训练必须以“我要学好英语”为前提。缺乏这方面的动机，再完美的策略训练课程也不会收到理想的成效。其次，正式训练前应尝试性地进行一些策略训练活动，让学生初步认识到策略指导的价值，实实在在地感受到运用策略的益处，知道何时运用何种策略是有效的。

有了上述基础，再精心考虑如何设计策略训练的方案，才会收到事半功倍的效果。那么，听力策略训练应从何处着手呢？

听力策略种类繁多，严格来说没有穷尽，但从各类策略的作用和目标来看，策略训练应从社会情感策略和元认知策略入手。众所周知，英语听力理解过程是一个比较复杂的心理活动过程，学生的情感因素对学习效果会产生正反两方面的作用；如果没有情感上的积极作用，即使有良好的学习潜力，学生的积极性也难以调动起来。具体来说，如果没有良好的动机，学生的学习目标就不明确，会直接影响学习效果：对英语听力学习缺乏自信心，学习进步就会较慢；在听的过程中，如果情绪处于紧张或厌倦的状态，就会产生对抗心理，难以听懂任何内容。因此，在听力策略训练前应该帮助学生把握好各种情感因素，鼓励他们既大胆尝试有用的听力策略，又相互交流、互相学习，共同进步。

元认知策略虽然并不直接涉及英语听力活动，而是要通过其他认知策略的使用来影响听力过程，但它却能帮助学生确定学习目标、制订学习计划、监控学习过程、调整学习策略、检验学习效果、评价学习效率以及激发听力自主意识，从而对听力活动的组织和安排发挥有效的作用，即以培养学生的独立学习能力为最终目标。

学生是学习的主体，因此，听力策略训练的中心问题是如何把听力学习策略传授给学生。听力策略训练的重点是帮助学生更有成效地提高英语听力理解水平。因此，策略训练的方式与模式都应根据学生的学习阶段、语言水平、教育背景和心理状态来设定，训练活动的设计与材料的选择应围绕学生如何认识策略、理解策略、使用策略等实际需要来展开。

一、听力策略训练原则

从国内外对听力教学的研究来看，要成功地进行听力策略训练，教师除了要将策略训练上升到一个理性的高度外，还必须遵循以下六个原则。

（一）目的性原则

听力策略训练的主要目的是通过教师的有效指导，学生能够结合自身的实际情况合理安排时间，让大脑始终处于兴奋状态，最大限度地提高听力效率，即理解所听内容。实现这一目的有两个途径，一个是“注意”，另一个是“自主学习”。

“注意”是一种引导学生的思维去听、分析、领悟外界事物的行为，是将输入的信息从短期记忆转化为长期记忆的前提。在听力策略训练活动中，只有使学生保持高度的“注意”，才能保证听力活动的质量和效率。而“自主学习”是学生自我管理语言学习的能力，强调学生在学习过程中根据自身能力确定个人需求、确定学习目标、决定学习内容和学习进度、选择学习方法和技巧、监控习得过程及自我评估效果。同时充分利用现代技术和丰富的学习资源，并根据自己的实际情况自主分配学习时间，选择最佳学习时间段。可见，听力策略训练是一个帮助学生学会如何主动接受语言信息的过程。使学生保持良好的精神状态、饱满的注意力是提高效率的重要因素，而自主学习是听力理解过程中发挥听者个人潜能的最佳学习方式。

（二）系统性原则

听力策略训练是一个系统工程，每次训练的内容必须放在整个系统中去考虑，不可孤立地训练某个策略。具体来说，元认知策略是一种高层次的执行性技巧，它制约或促进认知策略的发展，对学生的认知策略和情感策略起着指导、调节和整合的作用。认知策略和情感策略处于略低的层次，其使用成效在很大程度上取决于对高层次策略的选择与把握。因此，如果仅仅教给学生如何制订与调控学习计划，而不指导他们如何在听力过程中去实施，这些计划就只是“空中楼阁”；反之亦然，如果脱离高层次策略而单纯训练低层次策略，学生就会缺乏足够的语言意识、主动性、独立性和计划性，从而无法有效地完成某一听力任务，也达不到预期的学习效果。

（三）文化性原则

语言是文化的载体，特定的社会文化产生了各具特色的语言。因此，学生对英语国家文化背景知识的了解也成为影响听力理解的因素之一。这就要求教师在进行策略训练的过程中要注重对与听力内容相关的社会、文化、历史以及风俗习惯知识的介绍，帮助学生增强对英语乃至整个西方文化的敏感度，掌握英语中日常的套语并鼓励他们不断地积累这方面的知识，这是帮助学生突破听力理解障碍的重要途径之一。

（四）以认知过程为基础的原则

听力理解是一个靠听者主动积极参与的语言信息解码过程和意义重构过程相结合的复杂认知过程。这个过程可分为三个互相依存的阶段：感知、解析和运用。

在感知阶段，声音被转变成词语表征。听者主要是辨认英语的语音、词汇及句法部分的特征，即按照英语特有的语音和语法规律将听到的声音破译并编成语言信息，暂时保存在对形与声的短期记忆中，以备进一步加工、理解。

在解析阶段，词语表征被转变成意义表征。听者将短期记忆中的信息重组、编码，使之形成有意义的概念，并根据自身的经历和知识在长期记忆中建立起各种图式，然后，从语音、语义、句法三个层面上理解所形成的概念的意义。

在运用阶段，听者将信息的意义加以运用。当形成的概念与长期记忆中的已知信息发生联系时，大脑便会通过积极的思维活动去分析、归纳、合成这些概念，使其成为连贯的语言材料，从而完成意义重构并将重构的意义储存在长期记忆中。

这三个阶段虽然不能完全呈线性分布状态，但是对以汉语为母语的学生来说，因不像以英语为母语的听者那样会自动编码处理听到的信息，需要首先顺利通过感知阶段，才能对所听的内容进行解析与应用。因此，听力策略训练必须遵守从“感知”到“解析”再到“应用”这样一个循序渐进的认知过程。

（五）以能力培养为中心的原则

对英语初学者来说，听力策略训练本身不是一门课程，而是提高其英语听力理解能力的一个辅助手段。因此，策略训练不能单纯为了训练而训练，而应该与英语听力过程中相关的技能相结合来进行。

1. 辨音能力

音素、词、句子等的发音在语言交流中会发生变化，在策略训练中教师应引导学生识别、分辨、破译其在语言整体结构中的发音，领会其在语调、节奏、重音、语调群中所代表的交际信息与意义。

2. 用英语思维的能力

在听力过程中，因受母语的干扰，学生常常先将听到的句子翻译成汉语，再去理解其意义，这无疑会因为多了一个步骤而漏掉许多信息，从而影响理解的速度和效果。在策略训练的过程中，教师应巧妙地提示学生什么是地道的英语以及其典型的宏观结构及微观句子结构的特点，逐步向他们传递英语母语者的思维模式。

3. 口语表达能力

听力课上有一种现象，即学生虽然听懂了短文内容，但在复述时却词不达意、错误百出。在进行听力策略训练时，教师可以鼓励他们模仿所听内容的语音、语调，使用听到的关键词简明扼要地复述短文内容，引导他们就短文中出现的问题进行讨论等，以此强化他们的口语能力，活跃课堂气氛，激发学生学习英语的兴趣。

（六）“自下而上”与“自上而下”相结合的原则

在听力理解过程中，如同阅读过程一样，初学者往往因语言意识偏弱而更多地运用“自下而上”的方法，即听者凭借自己的听觉和感觉从音素、词、句子层次上对听力材料进行辨认和理解；而较有经验的学生会逐渐过渡到“自上而下”的阶段，即运用背景知识从语篇层次上对听力材料进行理解。这两个方法都很重要，存在于听力理解过程的不同阶段。在进行策略训练时，教师要根据学生的年龄特征、英语语言水平以及认知能力等，力争将二者有机结合，发挥其互补作用。

听力策略训练的方式多种多样，教师应了解国内外相关研究，根据学生特点、教学目标、教学需要、教学条件和组织形式的不同来灵活选择。常见的听力策略训练有以下五组训练方式。

1. 短期和长期训练

短期和长期训练是按训练时间的长短划分的。

短期策略训练是指训练活动集中在较短的时间内完成，多则 3 ~ 5 个星期，少则 3 ~ 5 天。教师可能专门设计听力策略训练方案，编制听力材料，准备大量相关的练习活动，用来训练学生有意识地运用某个或某些策略。为达到强化训练的目的，短期训练有可能放弃使用“真实”的材料，但这样做的好处是，通过训练，学生能对策略的总体作用和特征有比较完整的了解，能较为系统地练习多种听力策略的使用。

长期策略训练是指训练活动分布在较长时间内完成，少则一个学期，多则 2 ~ 3 年。教师可能将策略训练和正常的语言教学任务联系在一起，不设计专门的听力活动，不编制专门的听力练习材料。这种形式的训练目的不是让学生集中、系统地学习听力策略，而是逐步提高他们的策略意识，达到边学边用、学以致用的目的。

2. 分离式和融合式训练

这两种训练方式主要是从策略训练是否与日常的英语教学任务联系在一起的角度来划分的。

分离式策略训练指脱离日常课堂教学的策略指导，如策略讲座等。这种形式的训练往往受教学课时的限制，无法在课堂上进行，只能安排在课外活动时间或者专门抽出时间集中培训，所用时间的长短和训练策略的多少需视情况而定。

融合式训练则将策略指导与正常的听力教学融为一体，甚至可以说把策略训练视为英语语言教学的一部分。这种形式的训练不受时间长短的限制，教师可将对策略的指导体现在教案中，能够逐步地、比较系统地向学生讲解不同听力策略的作用及使用，而且学生能在课堂听力学习实践中领悟并体验到运用策略的益处。

3. 隐性和显性训练

隐性和显性训练的划分依据主要在于训练教师是否明确地告知学生他们是在接受听力策略训练，或在被训练使用哪些策略以及如何使用等。顾名思义，在隐性训练中，教师不告诉学生他正在教哪种策略，但会通过对听力练习的选择，引导学生使用该策略；而在显性训练中，教师向学生明确介绍某种策略并说明该策略的功用。隐性训练大多是融合式的、无控制的、长期的，训练的重点是提高学生的策略意识，使他们在正常的听力理解活动中感受策略运用的有效性；而显性训练大多是分离式的、有控制的、短期的，训练的重点是帮助学生学会运用某些策略，并即时审视策略使用的频率、效度及其与听力成绩的关系。

4. 集体训练和个别训练

根据训练活动的组织形式，听力策略训练可以划分为集体训练和个别训练两种方式。如果策略训练活动是以一个自然班、几个班或一个年级为单位进行，或融入正常课堂教学中，这便是集体训练。相反，如果教师仅从某班级或年级中挑选出某个、某几个学生来实施听力策略训练，这便是个别训练。集体训练能营造一种共同参与、积极向上的学习气氛，能够为受训者提供更多互相交流、互相学习的机会，但也有可能发生只顾全局而忽视个体因年龄、性格、学习风格及教育背景不同而造成差异的现象；个别训练的对象可能是一个或几个学生，对他们的策略指导有可能因脱离大集体、大环境，缺乏比较和竞争而致使学习气氛不够积极，但优点是能够有的放矢地指导他们选择、使用、掌握对自己有用的策略，从而有效地提高其听力理解能力。

5. 有控制的和无控制的训练

有控制的和无控制的训练的主要区别在于教师是否控制训练时间、策略的数量以及比较、评估的手段等。有控制的训练强调教师的干预作用，即教师往往会事先选好听力材料，设计出训练方案，编制出练习活动，目的是引导学生对他们能识别和运用的各种策略进行检测、比较和评估，对比不同策略的效度与作用。一般来讲，这种训练是短期的、显性的、分离式的，但也未必不是长期的、融合式的训练。在无控制的训练中，教师和学生均不对时间长度、材料的选择和练习活动的形式做准备，目的是检验在自然课堂环境下、无教师干预的状态下策略学习和使用的效果，这种训练可能会是长期的、隐性的、融合式的。

以上阐述了听力策略训练的五组方式，包括策略划分的标准和原则，策略训练的理念、重点、目的以及训练所受的种种限制。根据时间安排，教师可以选择短期或长期训练；如果受课时的制约或为了检验课堂内外训练的不同效果，教师可以采取分离式或融合式训练；为了对比受训者知情和不知情两种情况下的训练效果，教师可采用显性或隐性的训练方式；如果训练的目的是考查一般和个体训练的差异，教师可以视情况进行集体训练和个别训练；假如训练的重点是探讨某些策略使用的过程，训练者可能有意识地控制一些因素，这便是有控制的训练，相对的是无控制的训练。

上述这些方式从总体上反映了听力策略训练方案设计的基本依据和倾向，但具体到如何制定一个适合自己所教学生的听力策略训练方案，教师还需要在具体教学实践中探索与特定训练方式相适应的训练模式，在教学实践中加以验证并不断改进。

二、英语听力策略训练模式

在听力策略训练实践过程中，教师可以参考下列六种模式。

（一）八步策略训练模式

八步策略训练模式，包括以下八个步骤：①确定学生的需要和可以支配的时间；②确定好要训练的策略；③采用整体策略训练的方式；④考虑学生的动机等情感因素；⑤准备听力材料，设计听力活动；⑥选择完全知情的训练方式；⑦评估策略训练的效果；⑧修订策略训练方案。

（二）基于学生的训练模式

这一模式是苏远连在八步训练模式基础上进一步完善而成的，更有针对性和可操作性，包括以下六个步骤，以判断学生的策略需要，找出学生的困难。①评价学生现有的策略；②选择要教的策略；③编写策略训练计划；④进行控制性策略训练，定义策略和说明训练理由，示范新策略，练习新策略，评价练习和策略使用情况；⑤评估策略训练方式；⑥修订策略训练方案。

（三）与语言技能相结合的训练模式

这一模式将对策略意识的训练与对语言技能的培养融为一体，采用课内与课外训练相结合的方法，以培养学生的独立学习能力、自我评价能力和自我调控能力为最终目标，进一步验证听力学习策略的可教性，同时，探讨一套适合我国英语听力教学实际情况的合理、有效、清晰的策略训练操作程序。该模式包括以下六个步骤：

第一，通过测试和问卷判断学生的听力水平，了解他们的听力困难和策略使用情况。

第二，根据问卷结果判断学生的策略需要，并确定要教的策略（所选策略至少要包括能促进听力理解的认知策略和帮助学生监控听力学习过程的元认知策略两类）。

第三，根据学生现有的听力材料编写策略训练计划。

第四，实施控制性策略训练，每次课的训练分五步进行。①准备。学生完成一项听力活动，讨论遇到的困难和解决的方法，教师进行评价。②示范。教师介绍一种新策略，解释其用法及重要性，并进行示范。③练习。学生练习使用新策略。④评估。评价练习和策略使用的情况。⑤巩固。运用包括新策略在内的多种策略完成几项听力活动。

第五，通过测试、问卷、自我评估报告和访谈，评估策略训练的效果。

第六，根据训练结果修订或完善策略训练方案。

（四）以任务为基础的融合式训练模式

在以任务为基础的融合式训练模式中，教师首先要结合教学内容演示策略的作用与使用方法，然后有意识地让学生在完成学习任务的过程中练习使用所学策略。其具体步骤如下：①学生分组讨论母语环境下听力理解的过程，以提高在听力过程中使用听力策略的意识；②教师筛选听力材料，口头模拟英语听力理解的过程和策略使用的思维过程，每节课向学生展示两个新策略，并讲解在什么情况下、如何使用这些策略；③学生结合具体听力任务练习使用新策略，填写听力策略表，以此对自己使用策略的情况进行评估，在训练中学生分组讨论策略使用的效果；④学生进行自我评价，记录每次训练的情况，包括如何使用策略、有何进步和困难以及如何进一步提高策略能力等；⑤学生做课后拓展练习，以巩固听力策略使用的效果。

（五）以学生自我效能为目标的策略训练模式

此模式中的“自我效能”是指学生对自己所取得的成绩进行归因的一种信念，如果成绩归因于自己可以控制的因素，如“努力程度加大”或“某种策略的使用”，学生就会有更强的自我效能感，也会有更强烈的学习动机，从而乐于从事同样的学习活动，甚至会尝试其他学习策略，以继续体验这种自我效能感；如果成绩归因于自己无法控制的因素，如“任务难度大”或“自己能力差”，那么结果就会相反。该模式是长期的、显性的、融合式的训练模式，以长期效用为目标，主张教师以提供支架的方式干预学生的策略学习过程，旨在引导他们增强策略意识，最大限度地体验成功与可控因素（策略使用）的必然联系。

这一训练模式包括以下内容：①在调查学生策略需要的基础上设计策略训练方案；②确定策略测量工具，如日记、学生评价表、教师对策略的反馈等；③鼓励学生寻找其使用的策略与学习成效的关系；④鼓励学生评价策略使用的成效与下一步完成的学习任务的关系；⑤采用随后的或延迟的听力测试；⑥听力测试的任务类型不同于策略训练活动。

（六）以任务和教学循环为基础的训练模式

这一听力策略训练模式主要用于调控在真实语境下起关键作用的元认知过程。该模式以听力任务为基础，根据不同的教学阶段开展不同的策略教学活动，旨在帮助学生体验整个策略使用计划，包括调整注意、选择注意、监控、评价以及解决问题等元认知过程。其共分为以下五个阶段。

第一，听前阶段，预测听力内容。学生根据话题内容和语篇类型预测即将听到的信息和词汇类型。

第二，第一遍听，即证实预测的第一阶段。学生如果证实了初始的假设，就会去注意其他的信息，体验选择注意、调整注意和评价的过程，然后与同伴比较对内容的理解，进行必要的修正，确定需要解决的问题，并选定需要特别注意的细节。

第三，第二遍听，即证实预测的第二阶段。学生首先证实原先没有把握的要点，修正、记录已理解的细节，然后通过讨论，交流各自重构的语篇的主要内容、相关细节，并穿插回顾自己是如何抓住语篇中某些词或部分的意义的。

第四，第三遍听，即证实预测的最后阶段。学生仔细听大家讨论中普遍反映先前没能听懂的信息。

第五，反思阶段。根据讨论交流的体会，学生确定使用哪些策略有助于理解听不懂的内容，以此为基础制定新的目标，为下一个听力活动做准备。

以上六种模式是目前普遍认为有效的听力策略训练模式，是研究者与听力教学实践者为了特定的研究目的、适应特定的教学环境和对象而设计的。其实，正如策略的分类无法穷尽一样，策略训练的模式也是多种多样、不能穷尽的。这些模式虽然已被证明在实践中是行之有效的，然而，要想将某一个模式应用于自己的英语课堂教学，教师还需要根据所教学生的年龄、学习层次、学习目标以及学校的教学环境、教学条件等，对其进行修改、重新设计，以形成符合自己实际需要的训练模式，使之适应自己所选择的策略训练方式。

三、听力策略训练的步骤

国内外大量研究证明，英语听力学习策略是可以训练的，而且训练对听力学习成绩的提高起着举足轻重的作用。训练的步骤对训练效果至关重要，而训练步骤的确立必然要受训练理念和原则的支配，受训练方式和模式的制约。因此，要成功地进行听力策略训练，英语教师应该综合利用前人的研究成果，结合实际教学环境和教学目标，设计出切实可行的训练方案。

近年来，越来越多的学者认为，在我国英语的教学环境中，长期的、融合式的策略训练比短期的、分离式的训练效果好。听力策略训练过程应被视为一个关注教学目的、教学目标、教学过程和教学效果的过程，一个不断对教学实践提出疑问、不断追求变革、教学相长的探索过程。我们可以总结出一个与这一过程相适应的、完整的听力策略训练方案，大致包括如下步骤。

（一）了解学生情况

教师可以通过听力测试、小组讨论、个别访谈以及问卷等形式，重点调查学生的英语听力水平、听力过程中经常遇到的困难和目前已经在使用的策略。教师应首先了解学生英语听力的实际水平，如进行无准备的听力测试，可以从卷面上看出他们的听力水平。接下来组织小组讨论会，让他们汇报哪些内容听懂了、是怎么听懂的，哪些没有听懂、听不懂的原因可能是什么，这种讨论有助于提高学生对听力过程的认识，增强他们使用听力策略的意识。测试之后，教师还可对学生进行个别访谈或问卷调查，了解学生在听力理解中的障碍和他们已经在使用的策略。

在母语环境下学习英语，学生英语听力理解方面的阻碍因素有很多，主要有以下五个方面。

1. 听力材料本身的特点

听力材料的发音规则，如语音、语调、语流、语速、单词重音、语句重音、音的省略与同化、连读等因素，均影响听者对听力内容的理解。其中，语速是影响听力的重要因素，如果语速过快，听者来不及反应或理解速度与记录速度跟不上听力材料的速度，必然影响听者理解话语的意义；反过来，语速过慢会给人以不真实的感觉，使听者产生心理上的障碍或厌倦情绪。

2. 学生听力习惯问题

由于部分学生在听力理解过程中存在不良习惯：有的试图把每个单词、每个句子都听懂，一遇到不理解的单词或句子就停下来思考，因而跟不上录音的速度；有的学生不能直接用英语理解听力材料，而是借助母语，中间要经历一个心译过程；还有的学生在听力过程中抓不住关键词的意义，因而难以把握所听材料的基本思想及主要内容。

3. 文化背景知识障碍

语言是文化的载体，学习英语必须具备一定的英语国家的历史和文化知识。不少学生因不了解英语母语者的生活习惯、文化背景、风土人情及生活方式，在听力理解中会遇到某些障碍。如两篇难度相当的听力材料，一篇介绍我国的中秋节，另一篇介绍西方的万圣节。前者听起来较容易，因为中秋节是我国传统节日，学生非常熟悉，有助于其理解；而后者听起来较难，因为学生对万圣节了解不多，理解起来就有困难。

4. 语言意识问题

语言意识的内涵较难界定，但具体来讲，我国高中相当一部分学生缺乏下面四个方面的意识：语音、语调意识，即不能把握词句重音、升降语调的变化所隐含的意义；语块意识，即不熟悉如何根据语法规则将长句子划分成语块去听，以减轻记忆负担；语篇体裁意识，即不知道不同类型的语篇如何开头、展开、结尾等，或不知道语篇段落的首句如何预示段落内容；语用意识，即不能推断表面上答非所问的语句的内在含义。这四个方面意识上的薄弱严重阻碍了学生对听力进程以及所听内容的推断与理解。

5. 心理情感因素

听力理解过程是一个较为复杂的心理活动过程，当听者情绪处于紧张的状态时容易产生恐惧感。语言基础较差的学生会对听力缺乏信心，在听力过程中容易产生畏难情绪，无形中为自己设置了阻碍信息输入的屏障，因而不能有效地加工处理输入的信息。有些学生一遇到不理解的单词或句子就焦躁不安，这也会严重影响其对听力材料的理解。

在调查学生英语听力中的障碍的同时，教师还可以通过讨论、访谈、问卷调查等形式，了解他们目前已经在使用的听力策略。事实上，在听力理解过程中，部分英语水平较高的学生已经能运用自己关于世界的知识以及所学语言的知识来猜测词义，利用词汇、句法及视觉上的支持来推断所听短文的内容；或者在听的过程中主动记笔记，借助语音、语调、时态、词序等线索判断说话人的身份、态度等；或者进行互动交流，在即时解码时进行批判性的思考；或者默默地与作者或说话人进行“听—想—说”的意义协商，最大限度地获取短文或对话的主旨大意。

当然，学生在听力理解过程中遇到的困难远远不止以上几个方面，而且会有很大的个体差异。有的学生抱怨自己整体英语语言水平较低、记忆能力较差、平时练习听力的机会少、知识面狭窄、不熟悉听力内容、某些词汇和习语的意义较难把握、不知如何集中精力倾听以及不会判断说话人的交际意图等；有的学生缺乏良好的英语学习动机，或仅注重阅读而放弃提高听力的努力。但是具有良好学习动机的学生却在尝试使用各种策略，力图克服这些听力障碍。因此，在进行听力策略训练之前，教师应重视了解学生情况这一环节，以便更好地选择下一步要训练的策略。

（二）确定要训练的策略

策略选择要立足于学生的实际需要，即不只是力争克服当前他们遇到的各种各样的困难，还应把各个阶段听力技能的培养目标考虑进去，如六级听力目标要求：学生能抓住所听语段中的关键词，理解话语之间的逻辑关系；能听懂日常的要求和指令，并能根据指令进行操作；能听懂故事或记叙文，理解其中主要人物和事件以及他们之间的关系；能从听力材料、简单演讲或讨论中提取信息和观点。

策略项目的选择取决于学生的实际需要和策略训练拟采用的训练方式与模式，无须做出硬性规定，但可以在参考前人研究的基础上进行选择。

例如，在与语言技能相结合的训练模式下选择策略。笔者在一项大学英语听力策略训练的研究中，总结出三个类别共 15 项策略：①元认知策略，包括计划制订、自我管理、自我监督、自我评价以及选择性注意，共五项；②认知策略，包括记笔记、预测、推理、利用关键词、新旧知识联系、总结概括以及听觉重现，共七项；③社会情感策略，包括寻求解答、相互合作以及自我调节，共三项。

（三）设计训练计划

在分析学生实际需要和拟定训练策略的基础上，教师应考虑如何设计训练计划，这是关系训练成败的重要步骤，包括以下三个方面。

1. 制定训练目标

训练目标可以从长期计议，也可以从短期着眼。长期的目标可以是整个高中阶段学生需要掌握的听力策略，也可以是一个学年或学期他们应该学习的听力策略；短期的则指一个月、一个星期或一节课要训练的策略。无论长短，训练目标应该明确、具体，而且要结合课标所描述的听力技能来制定。如果是一个学期的长期目标，要训练的策略可以包括计划、选择注意、推断、协作等；如果是一个星期或一节课的短期目标，训练的策略目标则更要具体、清晰。例如，可以着重引导学生利用上下文情境来推断或预测词义、句意、文章的主旨意图等；或者利用所学的词法、句法等语言知识推断生词和句子的意思，如利用同源词、关联词、信号词等。

只有确立了长期或短期的训练目标之后，教师才能够选择相应的听力材料，有的放矢地教授目标策略。

2. 选择听力材料

在信息技术和互联网络普及的今天，英语听力资源非常丰富。然而，在我国高校，听力教学材料仍以固定的教材为主。虽然不同的单元是围绕不同的主题展开的，但无论是从语言信息输入的量，还是从信息输入形式和内容的多样性来看，光是教材中的听力材料是不能完全满足策略训练的需求的，这必然要求教师根据要训练的策略项目和训练目标，筛选适合特定策略训练的特定材料。

这里有三个问题值得我们注意：一是选择的材料应难易适当，适合学生的心理特征和认知发展水平。如果所选内容过难，学生会跟不上录音的速度，不能理解所听内容，容易产生挫败感，从而放弃努力；如果内容过于简单，则又容易使学生失去挑战自我的兴趣。二是内容应具有多样性，尽可能覆盖不同体裁、不同话题以及不同地域的语音、语调。三是内容应具有趣味性，如选择英语时事新闻、英美电视节目片段或英文影视片段等材料，以激发学生的学习兴趣、开阔其视野、拓展其思维。将所选材料合理安排到以教材为主的听力教学中，可使学生接触来自不同渠道的信息，这样不但能够增强英语听力教学的开放性与灵活性，还可避免以策略训练为目的的听力课堂上容易产生的单调乏味的课堂气氛。

3. 编写策略训练计划

根据所选听力材料编写策略训练计划是一项重要工作，关系到策略训练能否顺利地进行。计划编写的依据是学生的实际需要，即他们的听力理解的水平、他们在听的过程中遇到的困难和他们已经在使用的策略。计划编写的目的是让教师将对策略训练过程的构想落到实处，形成一个比较清晰、具体的训练方案。策略训练计划应该包括以下七个方面的内容。

（1）明确训练策略

明确训练策略是将要训练的策略按类型制成明晰的策略总表发给学生，按听前、听中和听后三个阶段划分出听前策略、听中策略和听后策略，以备教师指导学生时使用。

（2）确定训练方式

确定训练方式，即确定采用长期的还是短期的方式，分离式还是融合式的方式。

（3）制定训练目标

制定训练目标包括长期目标和短期目标。如果所选训练方式是长期的、融合式的，就要考虑是将训练的策略平均分散在整个高中阶段的三年时间内，还是集中在一个学年或一个学期内完成；短期目标是长期目标的阶段性目标，即为了实现长期目标，在短期内如一个月或一个星期内应教授的策略的数量。

（4）拟定训练频次

拟定训练频次，即确定每月或每周策略训练的次数。

（5）确定训练程序

确定训练程序，即确定每次训练任务完成的顺序，如按照"策略介绍—策略教学—策略训练—策略运用—策略评估"的顺序。

（6）安排训练活动

安排训练活动，即结合听力材料内容和当前听力任务，设计选择与要教的听力策略相匹配的课堂活动，包括在师生之间和生生之间进行的各类听力活动。

（7）设计评估清单

教师应设计评估清单，发给学生，以帮助学生在听前和听后按评估清单所列项目计划，监控和评估自己完成学习任务和使用策略的情况。

总之，训练计划的设计包括目标的制定、材料的选择以及计划的编写，是策略训练中一项关键的工作，是策略训练计划实施的根本保证。

（四）实施训练计划

实施训练计划是整个听力策略训练方案的核心步骤，是关系能否让学生体会到听力策略益处的关键步骤。教师要遵循策略训练的理念与原则，按照不同的阶段进行听前、听中以及听后策略训练。这些阶段的训练活动基本上围绕阶段性策略进行，大致包括下列活动。①介绍策略。教师向学生演示某些策略，包括下定义、解释说明何时使用该策略及其益处。②教授策略。教师通过示范，举例说明如何使用所演示的策略。③训练策略。结合听力任务，提供机会让学生练习使用所学的策略。④运用策略。通过进一步的听力活动，让学生学习独立使用所学的策略。⑤评估策略。通过小组讨论、个别访谈等，学生对策略的练习和使用情况进行自我评价。⑥巩固策略。安排课上规定练习或课后自选练习，让学生巩固已学会的策略，以养成策略使用的习惯。

第三节 英语口语课外学习的研究策略及实施

英语课外活动是指由学校、社会以及家庭在英语课堂教学之外以各种形式开展的，且不受教学计划、课程标准的限制，为学生提供可理解性输出的、能锻炼实际语言交际能力的教育活动。英语课外学习活动则是指由学校以及社会在课外开展的，以学生为中心的英语学习活动。

一、英语口语课外学习的理论基础

活动理论和非正式学习理论是基于我国当前核心素养发展所形成的一个成熟的教育理论体系，在对学生能力的发展要求上都强调对学生综合技能的培养，具有同核心素养理念相同的教学观，突出了课外学习活动中的有意义学习。

（一）活动建构观

活动理论最先由维果茨基提出，他表明活动是影响学生知识技能内化的关键因素。活动作为活动系统分析的基本单位，主要由主体、共同体、工具以及规则等成分构成。

第一，学生在活动中充当主体的作用，是教学设计的实践者。活动理论注重在教学活动开始之前，对学生的认知及知识、技能、情感和价值观等特征的分析，通过对学生的知识和技能的理解掌握程度的分析，确定科学合理的教学目标以及策略，确保活动开展的有效性。

第二，客体主要是指学生在参加学习活动的阶段中所预设应该要实现的目标。活动目标的具体设计大多具有相同的标准，但也要根据活动主体的差异，因人而异。在活动中，对活动目标进行科学合理的分析是确保其有效开展的关键。

第三，共同体指的是与学生一起参与学习活动的其他成员，如教师以及教务工作者等，他们大多数是通过相互协作、交互等方式来促进学生合作及表达技能的增强。

第四，工具主要是指教学硬件设施以及真实的教学情境等活动要素，它注重当前网络技术以及真实的学习环境对学习活动的推动作用。

第五，规则对活动主体和客体关系起着协调的作用。在活动过程中，学生需要遵守活动的基本规则，明确自身在活动中的作用，以此来促进活动向规范化的方向发展。

第六，不同的活动主体由于分工不同，他们在活动中通常扮演着不同的角色，教师及教务人员主要是充当活动创设者和监督者的角色，学生则是学习活动的主导者。不同的活动主体根据自身的分工不同，来完成相应的活动任务，实现自身的活动目标，这在一定程度上能够有效地促进整个活动的开展。

活动建构观强调在学生主体活动中完成知识的意义建构。即通过个体与客体的相互作用，通过活动来实现知识经验的增长。在此过程中，学习者以现有的知识经验为基础，通过自身的活动对现实的客体进行直接接触、动手操作等，从中获得关于客体的直观信息，同时，在头脑中不断进行分析以及综合等，从而建构关于客体及其活动的知识经验。与其他学习方式相比，这种学习符合学习者的学习兴趣和内在学习需要，易引起学习者对于学习本身的关注，体现学习者学习的积极主动性和创造性，活动过程中往往伴随着学习者强烈的情绪体验和克服困难的意志活动。

这种学习是在学习者对学习对象的主动操作、探索以及体验的自主活动过程中实现和完成的，易于建构对知识深刻的、丰富的理解，使学习者获得成功和愉快的内心体验。由于活动具有“双重转换性”，外在的客观对象（学习材料）可以经由主体的活动“内化”为主观经验，主体的主观经验（包括情感体验、心理机能等）也可同时“外化”为活动态度、动作方式以及技能等，影响和改变活动对象，进而影响和改变自身。另外，活动过程可以更好地呈现知识的发生、发展过程，通过对高中英语学科核心素养的培养策略与实施产生过程的重演、再现，不仅有利于学生进行高水平的思维活动，有效建构起对抽象理论的理解，更重要的是可以探索和占有镌刻于知识中的人类智慧，即人的价值观、活动方法和认识能力等。

活动理论的外在活动设计表现形式以及其强调的学习活动设计等要素，为核心素养下的高中英语口语课外学习活动的设计与开展奠定了坚实的理论基础。教师在高中英语口语课外学习活动的设计中，应该注重分析学习者的认知水平、知识技能基础等关键因素。例如，教师可以根据学生的学习需求及实际水平，确定合理的活动目标，并通过小组合作的形式来开展英语口语课外学习活动。另外，教师在高中英语口语课外学习活动过程中，要积极利用网络技术，为活动成员构建科学合理的活动流程以及评价体系，并合理运用数据统计手段，对学生的学习效果进行数据分析，以此来对活动内容以及形式等活动要素进行调整和创新，确保活动设计的有效性。

（二）经验学习论

非正式学习没有具体明确的学习设计，它主要是指学生在非正式的时间和场合中所进行的经验性或偶发性学习。非正式学习大致包含以下六个基本特征。

1. 学习时间的随意性

非正式学习通常是指学生在生活中自主利用碎片化时间所进行的学习活动。非正式学习可以是在下课以及在食堂用餐的间隙等，具有碎片化的特征。

2. 学习地点的偶然性

非正式学习通常没有固定的场所和地点，一般以非正式场合为主，如上下班的公交车、咖啡厅等。

3. 学习方式的多样化

随着网络技术的快速发展，多元化的网络渠道扩充了非正式学习的学习形式。学生的学习突破了在课堂上单一听讲的限制，他们可以以各种移动终端设备与他人就学习问题进行交互，以此来达到自身学习及综合能力提升的目的。

4. 知识来源的多渠道化

与传统的课堂讲授式不同，非正式学习的知识内容具有多元化、知识来源多渠道化的特征。非正式学习主要强调教师通过合作以及相互交互等多种方式来促进学习活动的开展，以此来发展学生的交际技能。

5. 学习环境的协作性

学习者在生活中主要是通过人与人或人与环境之间的互动，来获取所需的知识和技能，增强自身的综合素养。

6. 学习方式的自主性

非正式学习是由学生根据自身的学习需求，自主开展的学习活动。学生在活动中占据主导地位，并对自身的学习进行有效监督和评价，目的是夯实自身的知识基础，增强自身解决问题的能力。

在非正式学习中，学习者是学习的主体，是积极主动的探索者，其自主发现和思考问题，有利于他们个性和素质的全面发展和提高。此外，在非正式学习过程中，学习者所处的心理环境更加自由，所处的学习环境更加富于个性化，交往环境更加注重协作交流，问题环境更富有想象的空间，评价环境更加多元化。身处这样的环境和氛围更有利于学习者充分激发其潜能，提高其创新能力。

正式学习偏重于课程的学习，它可以使学习者系统全面地掌握知识，尤其是对结构比较良好的技能领域较为有效。非正式学习可以促使学习者在正式的学校生活之外，获得和领会到丰富、多样的信息和知识，从而拓宽视野、提高素质。所以，非正式学习的功用就是以灵活多样的学习形式促使学习者价值观念、行为规范和科学素养的形成，从而更好地弥补正式学习的不足。此外，随着互联网时代的发展，有线网络与无线网络以及各种微型移动终端的进一步发展，使得学习方式更加多样化、学习场所更加广泛化。学习者将非正式学习与正式学习有效结合，可以摆脱时间和空间的限制，实现随时随地学习，创造无缝学习环境，实现泛在学习的理念。

非正式学习理论不仅为核心素养下的高中英语口语课外学习活动设计奠定了坚实的理论基础，而且为高中英语口语课外学习活动的实施和完善提供了一定的借鉴价值。从根本而言，高中英语口语课外学习作为一种由学习者自我开展的学习活动是非正式学习的重要组成部分。因此，教师在设计核心素养下的高中英语口语课外学习活动时，要结合非正式学习所注重的学习形式以及内容的多元化等特征，来构建具有良好协作式、交互式的学习环境，以此来增强学生的学习主动性，引导其通过交流研讨、协作共享等方式获取知识和信息，完善自身知识结构。

二、核心素养下高中英语口语课外学习活动设计策略

高中英语课程的总目标是增强学生的语言及学习技能、文化及思维品格等核心素养。因此，为了进一步帮助学生增强英语交际技能、提升英语口

语学习能力、发展英语交际思维品质以及交际素养，基本上达到上述总体目标，需要从活动内容、形式、主体以及评价四个方面阐述针对高中英语口语课外学习活动的设计策略，以期为高中英语教师在英语口语课外学习活动设计上提供参考性的举措。

（一）重视活动内容的社会化，深化学生的文化意识

高中英语课程兼具工具性及人文性，注重学生对语言学习的实践和应用。工具性是语言课程的主要特征，它着眼于学生综合实践技能的培养。因此，高中英语口语课外学习活动内容在紧扣活动目标的同时，要贴近学生的社会实践，让学生在活动中体会英语课程与社会的联系，在社会实践中使用英语知识，提升文化品位，增强语言综合技能。

1. 注重跨学科知识的整合

高中英语课程承担着促进学生人文素养全面发展的重要任务，不仅要发展学生的文化及思维品格，还要培养学生的语言及学习技能。因而，高中英语口语课外学习活动内容不能只聚焦英语学科知识与技能的巩固、强化，应注意整合其他学科知识，让基础较为薄弱的学生在学科整合的活动中，增强学习动机、强化综合素养。

教师要加强学生的英语口语学习与其他学科知识的融合，引导学生在真实的社会情境中，积极地利用其他学科知识，更好地了解社会现象以及文化知识，提升语言实践技能。例如，教师可拓展英语口语学习和实践的领域、西方经典音乐作品的欣赏以及英文表演节目的展示等，来丰富语言实践的活动内容，加强学生对跨学科知识的学习。

教师可设计社会化的活动内容，学习者只有在真实、社会化的情境中才能锻炼语言运用能力。例如，教师可通过引导学习者登录国内外大型英语学习网站，这些网站涵盖与各学科相关的英语话题，学生可根据自身需要和个性化特征，与其他学习者进行交流，以这种方式帮助学生深化文化意识，增强英语表达技能。另外，教师可把各学科知识进行整合并制作成教学课件以及视频，上传至班级微信群，这样能够帮助学生加强英语口语知识及口语技能的巩固，提升语言学习以及实践技能。

2. 加强英语网络资源的运用

高中英语口语课外学习活动内容直接影响学生对活动本身的主动参与性，关系学生综合实践技能的发展。

教师在对高中英语口语课外学习活动内容进行设计时，要从不同学生的学习需求出发，发挥多媒体的直观化、便利化以及大信息量等特点，选择可以增强学生自主性，发展其听、说技能的活动资源。一方面，教师可以鼓励学生积极使用移动设备下载各种各样的口语学习类 App，这在一定程度上能够满足不同英语水平的学生的需求，帮助其丰富学习内容，增强学习主动性，提升英语学习及交际技能；另一方面，教师可通过引导学生登录国内外英语学习网站，与教师或学生就学习方面的问题进行沟通与交流，在某种程度上可以拓展学生的专业视野，促进其英语表达技能的增强。

（二）强调活动形式的多样化，提高学生的语言能力

灵活多样的活动形式是构成高中英语口语课外学习活动的重要内容，有助于强化和拓展学生的英语口语基础知识和技能，提高学生的自主学习能力及综合技能。

1. 实践型活动，增强学生的语言运用技能

学科核心素养理念倡导教师积极构建社会实践活动，以此来加强对学生主动学习意识以及综合实践技能的培养，提高学生分析以及解决问题的技能。实践型活动为学生提供了语言实践的平台及渠道，能够帮助学生强化学习主动性，提升文化品格，提升语言综合能力。教师为学生创设大量语言实践和操练的平台能够帮助学生通过语言感受不同文化的独特魅力，让学生更好地在真实和生活化的情境中理解以及感知社会现象和文化知识，提升文化品格。教师通过运用网络技术，整合跨学科知识，能够帮助学生拓展以及丰富英语实践平台。例如，口语语言表达的实践活动、合作收集语言相关知识活动、话剧等舞台表演类活动等，以此来促进学生各项技能的综合性发展。

教师也可根据学生的需求设计生活化活动，学生只有在生活化的语境下才能锻炼综合实践技能。生活化的语言情境不仅能强化学生的学习主动性，而且能够加强学生对社会文化知识的理解，深化文化意识及品格。学生的英语学习离不开教师关于真实语言情境的创设，传统的语言实践大多是以教师为主导，缺乏真实以及趣味性的语言情境。此类活动以学生为中心，引

导学生在丰富多彩的活动中，体味语言的魅力，逐渐提高学生在实际运用语言中，提升自身的语言综合技能。

2. 合作型活动，提升学生的语言表达技能

合作型活动结合了高中生的心理发展特征，有助于学生在互动的过程中针对小组中出现的问题或困惑相互讨论，增强学生的表达及综合实践技能。

教师在设计互助合作型活动时，要注重活动主体的交流与合作，确保活动开展的有效性。合作型活动具有一定的灵活性及开放性特征，该活动强调学生采取分工协作的方式，来搜集材料并对其中出现的问题进行探讨，从而有效地完成学习任务，这在一定程度上能够强化学生的协作及表达技能。小组活动强调学生围绕英语口语学习内容，通过合作的方式，对问题解决型策略进行探讨，来增强学生自身的表达技能。

在构建小组合作的过程中，教师需要根据各个学生的个性特征，将具有不同学习特点的学生分配到不同的小组中去，这在一定程度上能够帮助小组成员相互取长补短，以此来强化自身的综合素养。这种类型的活动既能提升学生的表达及交际技能，也能深化学生的合作意识，增强学生的协作能力。教师与学生合作的阶段中，要以学生为主体，积极引导学生就相关问题表达自己的看法，来促进学生共同参与、增强其主动思考以及协作的技能。另外，教师可积极创设同伴合作英语表演、英语角以及英语歌唱小组等活动，这类活动可让同伴或者朋友之间自由结合，通过协作的方式完成和发展学生的表达技能，强化活动开展的有效性。

3. 自主型活动，提高学生的语言实践技能

自主型活动强调学生在活动中的主导地位。教师在对活动进行设计时，要以学生为中心，从活动的内容、形式等方面来增强学生的自主学习以及语言技能，强化学生的英语核心素养。

不同的学生在高中英语核心素养的四个方面发展程度是不一样的，有些学生的语言运用能力很强，但是逻辑思维能力较弱。这就要求教师在设计英语口语课外学习活动时，要把握学生英语核心素养四个方面发展的特点，分析四个方面发展的强弱程度，结合学生自身的特长和优点，设计不同难易程度、不同类型、不同侧重点的英语口语课外学习活动，以满足具有不同个性特征的学生需求。例如，教师可以在通过对学生的学习情况进行具体分析

的前提下，积极为学生创设自主型活动，如模仿对话以及配音等，这能够提高学生学习自主性，发展学生的综合实践技能。教师在设计自主型活动内容的过程中，要以满足不同英语核心素养层次水平的学生的学习需要出发，设计出资源丰富的英语口语学习活动内容，引导学生根据自身的实际水平来选取材料以及调整学习进度，这在一定程度上可帮助学生增强综合实践技能。

另外，对于高中生来说，学生在英语口语学习方面仍然缺乏一定的自我约束力，自主完成英语口语课外学习活动的能力不高，需要教师提供更多具体的活动指点。因此，教师可以以口头陈述或书面提醒的方式，为学生明确活动步骤和基本要求，引导学生积极地参与到英语口语课外学习活动过程中，这在某种程度上能够帮助学生促进自身英语表达以及自主学习技能的提升。

4. 竞争型活动，强化学生的语言交际技能

竞争型活动结合了学生积极向上、争强好胜的心理特征，能够帮助学生在发现问题的过程中，引导他们积极主动地思考并学会理性地分析问题，锻炼他们的逻辑以及批判思维技能。

教师为学生创设各种形式的竞赛型活动，能够增强学生学习的主动性，强化他们的语言技能。例如，教师可设计英语朗读比赛、辩论比赛、英语演讲比赛以及歌咏比赛来提高学生使用外语的能力；或者可通过自主探究的活动方式，让学生模仿同一段课文录音，看谁的语音、语调好，这能够让学生成为活动的主导因素，帮助他们夯实技能知识，以竞争的形式发展他们的语言表达技能。

（三）注重活动主体的交互性，增强学生的学习能力

高中英语口语课外学习活动要注重活动主体的交互性，加强学生与教师、学校以及家长的及时交流与互动，增强学生的交际能力和语言综合技能。

1. 深化学生的课外合作意识

学生作为高中英语口语课外学习活动的主体，其与同伴的合作以及交互程度直接关系活动建设的成败。教师加强对学生课外合作意识的深化，在一定程度上能促进学生表达及综合实践技能的增强。

师生之间的沟通与交流是强化学生表达技能的重要手段，教师在英语口语课外学习活动中应及时了解学生的学习情况，积极引导他们科学合理地解决学习中出现的问题，这能强化学生的表达技能，优化思维品质。教师加

强对英语核心问题的提炼是进行英语口语探究性学习设计的重要途径。教师在对相关核心问题进行提炼后，要逐步地将其细分为若干子问题，以此来引导学生积极参与口语探究活动，让学生在问题探究中形成属于自己的理解，教师适当引导学生就相关口语学习问题进行交流，以此来提升学生的学习技能。

教师围绕核心问题引导学生开展自主探究和小组合作活动，并以小组合作的方式来引导学生进行口语学习，可以促进生生之间的互动，强化学生的学习自主性，小组成员之间相互学习，进行互动分享，能够促进学生在英语口语课外学习活动中夯实英语知识和技能，强化主动学习技能。教师再通过创设情境表演活动，如将重要的语言知识点设计成一个片段化的情境剧，以此来发展学生的表达以及学习技能。

2. 强化教师对移动学习共同体的构建意识

高中英语口语课外学习活动主体的交流和互动是影响活动有效开展的关键因素，教师要充分发挥移动互联网交互性的特点，创设真实的移动学习共同体的实践活动，加强活动成员的交往与沟通。

随着移动电话、移动 MSN、QQ、微信、作业盒子等 App 在互联网中的推广，教师应合理运用移动技术，优化学习资源，创设网络交际渠道，从而实现移动学习共同体的实践活动的构建。移动学习共同体是指通过使用手机等移动设备，为移动学习共同体中的师生和生生之间建立起一个关系网络，促进其合作、学习关系的形成。例如，教师通过建立班级微信、QQ 群，师生可以通过群聊的方式就社会热点话题进行讨论，通过知识竞答、辩论等多种方式，利用语音聊天交流互动，这样移动共同体中的成员就可以围绕共同的主题内容，相互讨论并发表不同的见解，这在一定程度上有利于优化学生的表达方式以及表达技巧，提升其协商及交际能力。

另外，移动学习共同体的引导者大多数是由专业教师和专家来充当的。活动组织管理者应不断增强自身综合技能，建立科学合理的活动规则及评估机制，及时评估学生的学习成果，同时能引导学生积极进行自评及互评，以此来强化学生的学习动机，提高学习共同体的交互性。

（四）关注活动评价的多元化，提升学生的思维品质

高中英语口语课外学习活动评价设计要秉持评估主体、标准及内容多

元性的原则，以教师、学生以及家长为评价主体，从学习者参加课外活动的态度、知识、思维与能力等维度着手，多方面评估学习者的英语口语课外学习能力，这能够强化学生的语言实践技能。

1. 坚持活动评价主体的多元化

高中英语口语课外学习活动评估要尊重学生的主体地位，引导学生积极进行自我评估，同时也要引导同伴以及家长等积极参与到评估活动中，实现评估主体的多样化。

活动评价作为高中英语口语课外学习活动过程中的一部分，必须引起教师及学生的重视。在高中英语口语课外学习活动评价体系中，教师要帮助学生树立活动评价的主人翁意识，提升学生的自主评价能力。另外，核心素养理念强调以合作为主的学习形式，因此，在进行高中英语口语课外学习活动评估时，教师也可以采取生生以及师生之间的互评，让师生通过合作的方式对活动评价标准进行探讨，明确学生在学习方面的不足。

高中英语口语课外学习活动主要包括合作型和竞争型活动，这类活动的完成需要发挥学生的创造性思维，需要教师引导学生就各自的学习成效进行互评。这可以帮助学生在互评的过程中发现并指出他人在学习过程中的不足，促进学生对相关问题的理解，以此来强化学生的主体意识，提升综合实践技能。另外，教师还要积极引导家长对学生的学习进行评价。在学习活动过程中，大多数家长开始逐渐关注学生的学习效果，而教师一人又无法及时地对每个学生进行评价，这就需要积极引导家长参与学生的评价活动，及时地对学生的口语学习活动情况进行评估。

2. 坚持活动评价标准的多样化

教师在进行高中英语口语课外学习活动评价时，要采取多样化的评价标准，在保证公平的基础上，尽可能增强学生在活动评估中的成就感，发展学生的自主学习技能。

高中英语口语课外学习活动评价标准是否合理，直接关系学生对活动本身的兴趣以及自身思维品质的提升。

第一，教师可以以活动信息收集的方式，通过学生的学习活动行为记录表来记录学生在活动中的学习状态。比如，学生是否愿意主动参与英语口语学习活动；对学习英语口语的兴趣如何；学生在参与英语口语课外学习活动中所表现出来的思维的合理性和灵活性等。记录表能够充分展示学生学习知识和技能的过程及结果，使教师更好地对学生的活动学习情况以及本设计的活动效果进行了解，促进学生针对学习活动过程中的不足进行反思，从而实现其英语交际能力及思维品质提升的目的。

第二，教师可以采取学生互评的方式，对学生的口语学习进行效果后测，效果后测并不是以分数为评价标准，而是以学生在活动过程中显现出的思维及表达技能为评价标准，这种评价标准能让学生感受到积极参与活动过程的重要性，强化了他们的综合实践技能，切合了课程标准的理念。

3. 注重活动评价手段的多元化

核心素养理念为高中英语口语课外学习活动评价方式注入了新的活力，教师要结合终结性评价与形成性评价的方式，利用电子学习档案袋的评估手段，强化学生的交际以及综合实践技能。

高中英语口语课外学习活动评价方式是否合理直接关系学生对活动本身的兴趣以及对自身英语能力的正确认识。

第一，教师要充分利用网络资源，在网络学习空间中，通过建立电子学习档案、日志文件、数据库等形式，统计学生的学习记录、活动学习成果，对师生以及生生就学习问题所探讨的效果进行记载。并对这些数据进行数字化处理和可视化分析，以此充分展示学生学习知识和技能的过程及结果，帮助教师更好地了解学生的活动学习情况，促进学生针对学习过程中的不足进行完善，从而实现其英语交际能力及综合能力提升的目的。

第二，教师可通过以学生和其他活动成员为评价主体，以学习者发言的主动性、动态实践情境的学习态度、思维以及解决问题能力的表现，以及其对学习同伴乃至整个移动学习共同体的发展所做的贡献为评价内容，设计评价量规，据此进行终结性评价。这在一定程度上能够促进评价主体以及内容的多元化，充分发挥活动在线评价对学生的教育发展功能，帮助他们明确自己的优势和局限，全面了解自身的交际技能。

第四节 英语口语拓展性教学的研究策略及实施

一、英语口语拓展性教学核心概念界定

（一）“拓展”的界定

在语言教学中的拓展，我们可以理解为：①从语言学习到语言技能的拓展，学习者在对语言本身学习的同时，听、说、读、写等技能都得到加强，在深度和广度上培养他们的探究能力和热情，建立科学的思维方法，端正研究态度，从而为发展个人的终身学习树立开端；②深刻理解教学内容，发现其与现实中息息相关的材料，对其拓展延伸，增加学生在每天的学习和生活中使用该语言认识问题、解决问题的能力；③基于语言材料里蕴含的文化因子，学习者习得该语言时也要清楚地认识到相关国家语言的习惯用语和内涵，提高学生今后进行语言交际的得体性；④以任何时空的、不同社会形态的、不同知识门类的各种知识的交叉等，形成一个整体，拓宽文本内容，为学生创设多方面、多层次、多角度的英语学习氛围。

（二）拓展性教学与拓展型课程、拓展训练

拓展性教学与拓展型课程、拓展训练的关系差之毫厘，谬以千里。拓展性教学在这里暂定把它认为是英语这门学科课程的拓展性教学，又特指英语口语，它是指把发展学生学习的主人翁意识、重组学生新旧知识的认知、发展学生对自己人生进行完整规划和独立选择的能力作为宗旨，立足于发现学生的兴趣特长，挖掘学习者的潜在能力，促进学生个性的发展和全体学生的发展，满足了不同层次的教学需求，展示了开放灵活性的教学形式。

拓展型课程是“选修课程”的继承和发展，它是种功能型课程，与基础型课程、研究型课程共同构成十二年一贯的普通中小学课程体系。拓展型课程由限定性拓展课程与自主拓展课程这两类构成，拓展型课程是拓展性教学的工具，着眼于丰富拓展性教学的课程资源以及具有开发性、自主性、适应性等特色的课程。拓展型课程包含学科类、活动类（含体育活动）、专题教育或班团队活动、社区服务、教学实践等项目，具有主体性、生成性、不确定性、层次性等特点。

拓展性教学与拓展型课程、拓展式训练既有差别，又有联系，是相互依赖的关系。拓展型课程和拓展式训练都可以看作拓展性教学的方式，二者的最终目标都是达到拓展性教学的目的，即促使学生综合素质能力的提高，这包括学生身体、精神、心理、文化、情感等素质以及学业成绩等各方面专业素质的提高。反过来，拓展性教学的实施使学生在不知不觉中更加有利于接受拓展型课程和拓展式训练。

（三）高中英语口语拓展性教学的界定

高中英语口语拓展性教学就是教师根据高中英语课程标准和素质教育的要求，在英语口语教学中，围绕已研究过的教学重难点，从高中生的实际身心特点出发，以学生为主体，承担一定的角色身份和社会责任，设定符合教育目标的教学小目标，整合课内外各层次的教学内容，帮助高中生通过自主选择进行个人学习或合作学习的方式进行练习，鼓励贴近学生生活实际的口语教学实践，利用丰富的口语教学评价方式，使学生自觉养成受益终身的好习惯与学习方法。在这里，每个学生都有其自身的价值，每个学生都能无限地挖掘自身的潜力，自身的独特性得到全面体现，扬长避短，最终使学生的知识、能力、情感等方面均得到拓展与延伸，为学生综合运用语言能力奠定基础。

拓展性教学的具体做法是基于现有英语口语教材，教师引导学生通过课内外多层面和多维度活动的拓展，通过创设和发现与文本材料相关的各种英语口语信息重构语境，在重构的信息语境中拓展与延伸，从而使学生对该口语材料中的一些原有认知与新认知结合起来建构一个新的视角。这就需要教师积极开发和利用各种教学资源，将英语口语教学和学生生活实际相联系、口语文本的教学与生活拓展的教学相结合，设计出学生们围绕课堂英语口语教学而进行的拓展性教学。这种教学不但可以使学生理解课堂内教材的思想内容，进而传承外语专家们创造的文明，而且在拓展性教学中不断开阔了视野，增长了生活体验，启迪了智慧，全面提升了自我。

二、高中英语口语拓展性教学的实施特色

新课标强调英语学习应该是学习者在教师的帮助下获取信息、发展技能、创新思维、培养个性与开阔视野的过程，提升学习者的综合素养，促进学习者的全面发展。因此，综合众多英语教育研究者们的研究成果和实证研

究，本书认为高中英语口语拓展性教学设计与实施具有以下特色。

（一）主体性

主体性的核心和灵魂是“学生自觉学习，在活动中发展”。高中英语新课程标准中强调，在英语教学活动中，学生是以主人翁的地位出现在学习过程里，教师面对的是全体学生，在课堂教学中应该注意考虑学生的差异性，并给予充分的理解和尊重，因材施教，开发趣味活动，诱发学生积极主动地去练习。现代教学论认为，教育的教学活动应该“一切为了孩子发展，为了孩子一切，为了一切孩子”，要发挥学生的主体性，而他们对自己认识的客体具有能动性，是在主动地同客体交往的过程中取得正确认识，促进自身的成长。

在高中英语口语拓展性教学中，学生不再单纯机械地进行口语句型的操作练习，而是通过自身体验、交流、合作、探究的方式练习语言。人不可能踏入两条同样的河流，每个学生的发展水平也都存在着个体的差异性。所以，在口语教学中，教师不仅要设计有意义的情境，要突出自主性和活动性，而且要以学生为本，使每个学生的潜能发挥到最大。

（二）开放性

为了实现英语口语课堂教学、学生学习过程和内容的多样化，能够给学生创设良好的口语学习氛围，诱发学生的内在动力，满足他们语言学习发展的需要，使得英语口语课堂不再枯燥乏味，最终能够培养他们良好语言运用能力，口语拓展性教学就需要形成一种开放灵活性的教学格局。

第一，英语口语拓展性教学的内容要开放灵活。时代发展到今天，仅靠课本教材里有限的教学材料根本无法适应当代学生学习的心理需求，所以就需要以文本为依托，拓展口语教学内容的开放灵活性。

第二，英语口语拓展性教学的环境要开放灵活。在口语教学的课堂上教师常常创设情境，安排多种多样的口语实践活动，组织学生参与进行个性化的口语练习，这都需要有一个开放灵活的英语课堂环境。在这里，师生共同参与，每位学生自信地表达，畅所欲言，在相互的交谈、辩论中感受英语、体验英语。

（三）趣味性

高中英语口语拓展性教学的重点是能够把学习者进行的各种日常活动

使用英语交流，把学习和在实际生活中应用到的语言相融合。因此，为了保证学生对英语口语活动的积极性，教师在选题过程中应该注重挖掘能激起学生参与兴趣和欲望的活动，而且良好的英语口语学习环境至关重要。兴趣是学习的兴奋剂，是主动练习英语口语的关键，是诱发学生积极学习口语的内在动力，在学生学习活动中具有导向情感、渲染情绪、保持注意力等作用，推动着教师课堂教学的整个进程。学生有了主动学习的兴趣，就有了自觉提高英语口语能力的内在动机，不仅不会觉得练习口语味同嚼蜡，相反会觉得妙趣横生。

（四）多样性

要想使教学达到理想的效果，纷繁复杂的教学情境决定了教学不可能也不应该采取整齐划一的固定模式，这就要求教师依据课堂实际随时做出教学变异或调整。只有课堂教学形式多样化，才能吸引学习者的关注及参与。英语口语课具有实践性、交际性的特点，教师作为课堂教学的主导者要为学生创造多样化的练习机会，公平公正地对待每一位学生，确保每位学生在明确教师任务、讲解要领和注意要求的情况下，通过多样化的练习方式参与课堂，使其得到锻炼以及运用语言的能力获得提升。因此，在高中英语口语拓展性教学中，应该结合英语口语学科知识特点与场地、时间、学生已有知识技能等多方面因素，选择不同教学方式，设计不同情境。

（五）创造性

发展学生的创新精神是英语口语拓展性教学的重要功能之一。未来社会呼唤有创造性能力的学习者，因此，在高中英语口语拓展性教学中，英语教师需要在课堂教学中引导学生开拓思维空间、摆脱思维定式、鼓励学生创造性的思维方式。布置任务时，需开放其形式，给学生多留些想象空间及余地，有时候天马行空也未尝不可，让学生在运用英语时也提高了他们用英语提取信息以及分析和处理问题的能力。

三、高中英语口语拓展性教学的实践研究

（一）高中英语口语拓展性教学的教学目标

教师必须认真学习新课标，遵循英语口语教学的规律，使自身的教学发展顺应时代发展的变化，紧跟英语教学变革的时代大潮流。那么最为重要的是，教师必须对口语拓展性教学的教学目标的引领性、科学性、时代性、

变化性和层次性等特点有一个清晰明确的认识，并依据科学明确的教学目标开展英语口语拓展性教学。

1. 由单一静态向三维动态拓展

一切的拓展都要有清楚的教学目的，全部的拓展包括师生的交互活动也不能脱离教学目标，都要为实现教学目标而服务，要在课程标准三维目标的指导下，明确英语口语教学目标。因此，英语教师在确立口语教学目标时，不仅要思考怎样教会学生某些英语语言知识，还要考虑到整个口语教学过程中选择使用的教学策略、教学活动的设计、教学氛围的渲染，以及对学生学情的分析和对他们情感态度价值观的考量，关注他们在英语口语学习过程中的动态发展。

另外，每个学生对语言学习的接受能力不一样，比如，在口语表达知识与能力目标上，教学后，有的学生需要流利顺畅地表达出个人见解，有的学生只做模仿句型的造句即可。所有具体教学目标的设置都要首先对学生的学情进行分析，要符合当下学生所接受的范围，拓展时不可过于超出他们的能力。

2. 由单元模糊性向课时具体性拓展

如今教师常常是制定一个单元整体的教学目标，也就造成了每节课教学目标的模糊不清，认为只要实现单元目标任务就算大功告成了。这就需要在深入钻研领悟新课标有关口语层面描述的基础上，对我国高中三年英语口语教学的总体目标做出科学规定，并明确每一年级、每一阶段具体的口语教学目标并结合各地实际情况做相应调整。以实现英语教学的中心结构，提高学生的口语交际能力为中心目标，具体突出口语教学的指向性。英语口语教学不可能一蹴而就，它是一项长期艰苦的任务，需要持之以恒的耐心和毅力，这对教师和学生都是一种挑战。因此，具体到每节的口语课上都应该确立明确、具体、适中、可检验的目标，有针对性地进行口语教学。

（二）高中英语口语拓展性教学的教学内容

教学内容是指为落实教学目标，根据教学计划、大纲和教材所指示学生需要掌握的、能够培养学习者的三维目标的总和。英语口语教学内容对教师进行英语口语拓展性教学起着基础性的作用，从根本上关系着课堂教学是否有效。很长一段时间，人们简单地认为教学内容就是教材，认为课程标准怎样规定教材，教师就怎样教，这种理解是不恰当的。教材作为教学内容的基本成分，只是构成它的其中一个载体，而在实际中发挥重要作用的教学内容，其载体绝不仅是课本的内容。当前，在新课程改革大时代背景和生成性教学思维理念的影响下，人们对教学内容也有了全新的领悟。

教学内容是教师和学生按照课程标准对教材内容与教学客观实际情况综合考量之后的加工。一方面，教师以学生为主体选择取舍教材内容，充分合理地利用教材；另一方面，教师要对教材内容进行考量，充分合理地拓展教材。教学内容除了教材内容外，还包含对学生学习的方向性引导，科学人生观、世界观、价值观的养成，其实它是师生在教学过程中的一切活动。例如，泰安市教育局和泰安市教育科学研究院首创的“首课思政负责制”，即每天担任第一节课的任课教师，无论语文、数学、英语还是物理、化学等，不分学科，都要承担起学生的思想政治教育任务。利用第一节课的前五分钟时间，结合重大时事、社会热点、心理健康、教学内容等方面，围绕立德树人、核心素养培育的教育目标，采取灵活多样的形式，对学生集中进行思想政治教育，回应学生成长困惑与需求。“首课思政负责制”强化教师全员参与、人人有责的思政教育理念，构建“人人讲、科科讲、天天讲”滴灌式、润心田、培根铸魂的思政教育格局，有效解决思政育人进头脑的“最后一公里”问题，实现全员全程全方位育人。所以，教师在设计教学内容时，应该认真研究课程标准、教材，合理地选择、组织和安排教学内容以及适当地表达或呈现。总之，教学内容的成功确定直接关系着教学计划的制订以及教育目标的实现。

英语口语拓展性教学的教学内容要坚持语言知识和文化教学的融合，它所要展示给学生的不仅仅是英语的语音、词汇、语法、句型功能和话题等这些语言知识结构，还应当拓展到文化意识、情感思维等的教学。开放的英语口语教学内容不但是实际教学时教材文本等显性知识的呈现，而且是教学过程中教师情感态度、方法论等隐性价值的传递，让学生不断地在学习中成长。另外，无论什么情况下，英语口语教学内容的拓展都应建立在学生经验和教学实际需要的基础上，这里的经验既包含学习者过去已有的认知，也指学习者未来有可能发生的感知体验。

1. 钻研教材，把握教学内容的基础

英语口语拓展性教学过程中的教学内容是英语教师在教学过程中对在学习者经验、生活把握基础上对教学内容难度、进度适切性的理解，把文本的教材知识和课程目标化为学生学习的实效。但是，教师在设计各种口语活动之前，他需要钻研教材，认真分析教材，把握教材知识点进行拓展性教学，不仅要对教材中的事实、概念、原理等基础性知识熟记于心，更要对教材中的各单元和不同版本的教材之间的内在联系有所了解。在教授高中英语口语拓展性教学时，教师就要对整个高中阶段的英语教材认真研究。

2. 拓展“教材”

“教材”有狭义和广义两种含义。狭义内涵仅仅指教科书，广义内涵是指所有能够让人类学习、模仿的事物。现在社会中到处都有“教材”，时时都有“教材”。许多学生只知道教材就是学校发的课本，新的教材观要求我们要以课本为中介，以课堂内外为依托，多方位、多层次、立体地进行教学。这里所提到的拓展“教材”也就是对英语口语教材的再次挖掘以及对它的整合改编。

（1）“单元”拓展

教师在撰写教案前就应该熟识整个单元的内容，做到纵向和横向的融会贯通，构建单元与单元、课与课之间的联系，并依据新课程标准制定单元、课时的教学目标，确定每节课的教学内容，完成教学任务。

（2）“主题”拓展

首先是热身活动，介绍本单元话题，提示关键词汇和重点；其次是四个语言输入课，它重点指导了学生进行语法输入和掌握听、说、读、写的语言知识技能等的运用表达能力；最后是课堂实践，进行语言输出，用说和写来检验学生的掌握程度。该教材的每阶段目标明确，最终使学生能够进行语言交际。

（3）“句型”拓展

口语教学中的句型拓展要求教师立足文本教材，不拘泥于教材，整合文本中的语言知识，进行深度加工，使学生可以举一反三、触类旁通，将知识灵活运用到交际中。

（4）文化拓展

语言是人类文化交流发展到今天的产物，也是人们进行沟通、联系的工具。语言和文化相互影响、密不可分。当今世界处于日新月异的变化之中，各国之间的交流愈加频繁，大文化的相融使得英语教学面临了更大的挑战。新课程标准也强调教师要培养学生的多元文化意识，增强学生的社会交际能力，以便学生将来能自如地应对风云变幻的国际社会。因此，在培养学生口语表达中，教师对于学生的文化拓展是不可或缺的。

（三）高中英语口语拓展性教学的教学方式

教学方式是指在课堂英语教学中，为了落实教学目标、实施教学任务、依靠教学内容，教师和学生共同使用的一整套、一系列的教学活动的全称。它是教学方法的具体化细节，是教学活动实际呈现出的状态，赋予每位教师的教学以独特的个人特色，影响学生形成各自掌握知识独有的个人风格。

1. 多媒体英语口语拓展性教学

信息化时代的到来大大挑战了以粉笔和黑板为代表的传统教学。现代化教学方式的转变加快了多媒体与英语口语教学结合的步伐。多媒体是以电脑等高科技为载体的综合表现媒体，包括文本、声音、Flash 等，能够生动直观地呈现知识信息。多媒体英语口语拓展性教学是指在英语口语拓展性教学的过程中，为实现英语口语教学的目标，以学生为主体，依据每个阶段学生群体的特点，经过合理的教学设计，恰当地选择和使用课件或者其他现代多媒体技术。它的交互性、集成性、直观形象性、高效性、移植性、超时空性等特点给高中英语口语拓展性教学带来了很多的方便。首先，可以使学生在课堂上集中精神，调动学习者的热情；其次，学生能够自主决定各自擅长的学习形式，提高积极性；最后，知识信息更迭迅速，丰富学习内容，有助于学生创造力和独立性的培养。

（1）教师创设趣味情境

多媒体英语口语拓展性教学把电脑光、色、声、影整合成图文、声像合一的课件，教师根据学生心理发展的特点和日常生活的体验，合理设计教学，创设学生感兴趣、真实自然的语言情境，学生恰如身临其境般地习得和运用英语口语，有利于口语教学的效率实现最优化。

（2）学生自主学习

信息技术的快速发展使得学生学习的口语资源日渐丰富多彩起来。除了基本的英语教材及配套的练习材料外，各种辅助资源诸如英文图书、报纸、网站等比比皆是。通过这些多媒体技术下的学习，学生在进行全方位、多角度语言学习的同时，自主选择学习渠道，使抽象的语言认知形象、具体、生动化。在网络视频、音频资源中，学生足不出户就可以接触当代英语国家的社会和文化，了解他们口语常用的表达方式，从而学习地道和实用的口语表达，拓宽了学生的视野。学生具备了自主学习的能力和条件，有助于学生独立人格和思维方式的培养。

（3）多媒体的合理运用

在强调多媒体高效的同时，不可忘记要防止滥用，使课堂教学流于形式。现在教师的课堂教学基本上都是做课件，运用PPT调动学生口语学习兴趣的同时也不可避免地引发了一些问题。一方面，过大的课件信息量，学生没办法及时地消化，尤其是接受能力稍差的学生对于屏幕上一闪而过的知识信息，根本没时间思考，给他们造成极大的心理压力；另一方面，过分花哨的课件，主次不明显，造成了学生注意力不能集中。制作课件应考虑以方便教学为第一原则，善于通过多媒体引导学生讨论、回答、交流等。

2. 开放性问题设计的英语口语拓展性教学

根据开放性问题设计的教学是针对传统封闭式教学的弊端发展起来的，它具有发展性、探究性、灵活性、独创性等特征，有利于学生动机的激发、兴趣的培养，大大地影响了口语学习的有效性。学生面对英语口语情境时积极探索，在思考问题过程中，不断促进学生语言思维能力的发展，经过集体讨论，从而集思广益，碰撞出思想火花，有利于学生创新意识和发散思维能力的提高。

一堂优秀的英语口语拓展性教学课，不仅着眼于学生现有知识技能的掌握，教学目标、教学任务的完成还要考虑到学生情感思维态度的养成以及终身发展的问题。创设开放性问题极好地为学生搭建了一个思考、运用和交流语言的平台。在实际的英语口语拓展性教学过程中，开放性问题可以从以下两点进行设计。

（1）以课堂教学为主

课堂教学是教师影响学生的主要渠道，是教师教学工作的基本形式，是学生学习英语口语和运用语言的根本途径，也是实现学生全面发展的主要阵地。在高中英语口语拓展性教学中，教师要坚持在教学中贯彻主体开放、探索实践、自主建构、有效开放的开放性问题教学思路。英语是一种和汉语完全不同系别的语言，教师在进行课堂教学中的活动设计时要把开放性贯穿始终且立足于学生本身，贴近学生生活，让学生亲身实践并使其自主理解。

（2）以练习为辅

练习是学生英语口语得以保持与熟练运用的一个不可缺少的组成部分，也是学生形成和发展英语认知结构的重要一环。在英语口语教学中，练习对于教学成效至关重要，尤其是教师精心设计的练习，对于达到教学目标更是具有事半功倍的作用。因此，教师在给学生布置练习活动时，要融入开放性的观念，立足基础，既要注重实践，又要考虑创新。

（四）高中英语口语拓展性教学的教学活动

教学活动是由教学主客体也就是师生共同选择的，许多彼此联系、前后衔接的，各具不同功能的活动组成的一个完整的教学系统，实现学生意义建构的学习过程，通常以班级为单位开展，是教师开展教学工作的基础形式。英语教学活动就是为实现一定的英语教学目标，落实教学内容，根据英语口语教学的特征，师生使用教学手段而进行的双边活动。我国传统的英语教学活动形式单一，尤其是在口语课堂教学中大多采用教师领读、学生跟读或者两两进行对话的类似操练，学习者处在被动的地位，对英语毫无兴趣可言。

英语口语拓展性教学的教学活动强调的是用拓展性教学活动培养学生在真实场景中的语言运用能力，促进学生的全面发展。一堂好的英语口语教学活动课要求教师以启发式教学法为指导，创设符合学生特点、兴趣和经验的活动，使其在轻松和谐的课堂环境中运用语言，有利于学生独立性和创新精神的发展。

1. 英语演讲

英语演讲是训练口语能力的最佳方法之一，可以有效地提高学生的英语语言水平，对于增强学生的心理素质也是个很好的锻炼方式。刚开始，学生不懂演讲的知识和技巧，也没有相关英语演讲体验，因此，教师要首先给学生们观看英语演讲的视频或者实例，这样容易激起学习者跃跃欲试的心理，提高他们实践英语演讲活动的热情。其次，教师要给出英语演讲的相关主题，给学生留有充分的时间收集资料进行准备，或者不留时间即兴演讲。最后，教师要在学生演讲过后给予评价，多运用鼓励性的语言指出学生存在的不足，促使他们继续努力。

2. 英语辩论

英语辩论活动中，学生需要处于精神高度敏感状态，在听的过程中迅速抓住对方的漏洞进行反驳，然后清楚地阐述自己的观点。因此，英语辩论有利于训练学生的英语思维反应能力，培养学生的英语语音、语调，有利于学生口语的实际运用，有助于学习者团队意识和责任感的养成，英语辩论对于学生批判性思维能力的发展也是极为有利的。对于基础的高中口语课堂来说，教师可以设置轻松愉悦的辩论氛围，通过主动参与学生之间的互动，提高所有学生参与的积极性，增强课堂口语教学效果。

3. 英语游戏

英语游戏对于每个人来说都不陌生，也可以说是学习者较为喜欢的活动之一。选择英语游戏作为训练学生英语口语表达的活动，能提高学生运用语言的兴趣和热情，调动学生学习口语的内在动机。在口语课上，教师选择英语游戏，首先要考虑到学生因素，包括他们的生理心理特点和英语语言水平，其次考虑到教学目标、自身因素以及环境等条件的制约。但切记不可为了选择学生喜爱的游戏而对实现教学内容毫无帮助，即不能为了游戏而游戏。

4. 自由讨论

自由讨论帮助改善学习者在口语活动中的焦虑不安感，有助于增强学习者头脑中口语活动积极词汇的转化，也有助于创设轻松友好的练习口语的氛围，增加学习者口语锻炼的机会，触发学习者讲英语的内在动机。教师也可以把自由讨论作为口语教学活动前的铺垫，在进行新知识讲授前经过简单的自由讨论提升学生的自信心。当然，课堂口语教学中的自由讨论，教师的引导也是不容忽视的，教师需给学生提供讨论的话题并做适当的指导。

第五节 英语口语语境教学的研究策略及实施

一、英语口语语境教学的基本概述

（一）语境的内涵

1. 四种基本的语境观

语言学中的语境概念几乎是包罗万象的，涉及语言知识（上下文），交际的时间和地点，说话的方式和话题，交际者的地位及相互关系，交际双方的文化、社会、政治背景等。纵观中外学者的语境观，其内容大致有以下四种。

第一种观点，将语境理解为上下文的语言环境、语言因素，即上下文或前言后语。显然，这种将语境要素等同于语言要素的观点有失偏颇，口语交际是在语境多要素共同作用下形成的，仅局限于语言要素是远远达不到交际目的的。

第二种观点，将语境理解为情境。这种观点的缺点在于对语境的理解过于狭隘，情境对于口语来说固然重要，但是参与者的语言能力、共知信息、共同的文化知识背景对口语交际的顺利进行与实现也起着举足轻重的作用。可见，情境仅仅是语境多个要素中的一个，情境与语境的关系是部分与整体的关系，绝不能将两者混为一谈，以偏概全，也不能将语境简单地理解为情境。

第三种观点，将语境理解为语言、情境和个别统觉基础（指交际双方共知的情况和生活经验）三个要素。这三个要素是在口语交际中最为活跃，起着重要作用的要素，但该语境观仍具有片面性，因为它将参与者的文化因素等排除在外。

第四种观点，将语境理解为语言、情境和参与者三个因素。其中，参与者可分为主观因素（性别、年龄、职业、受教育程度、性别特征、情趣、心境等）和社会因素（政治、经济、文化背景）。这种语境观比较全面地概括了对话语产生影响的所有因素，包括语言和非语言因素。

2. 语境的概念

语境包括话语范围、话语基调和话语方式；学者莱昂斯认为，语境是一个理论的建构体，它是从具体的情境中抽象出来的，对语言事件中的参与者有影响的，并且能系统地决定话语的形式、恰当性及意义的所有因素；学者维索尔伦把语境分为交际语境和语言语境，其中交际语境又包括语言使用者、心理世界、社交世界和物理世界等因素；我国的语境研究先驱陈望道先生认为“语境”是指何故、何事、何人、何地、何时、何如；王建平将语境定义为交际过程中语言表达式表达某种特定意义时所依赖的各种表现为言辞的上下文或不表现为言辞的主客观环境因素。

尽管学者们对语境的定义各不相同，但我们可以看出，人们对语境的认识从宽泛到细化、从静态到动态，涵盖了语境的属性、对象及功能。语境采用综合性的观点即语境是言语交际的环境，是人们运用语言进行交际的各种现实的综合。

（二）语境理论的基本内容

1. 语境的构成

通过对不同专家语境定义的介绍，可以看出大家对语境的构成因素的分类也是不一致的。具有代表性的语境有三种：①把语境分为语言因素和情境因素。语言因素是指语言文字的习惯和上下文；情境因素是指说话人的目的、事项、对象、地点、时间和表达方式。②把语境分为主观因素和客观因素。主观因素是指说者自身的身份、职业、思想、立场、修养、处境与心情；客观因素是指说的地点、时间、场合、对象等。把语境分为情境、文化因素。③把语境看成知识因素。许多学者在此基础上，把语境分为语言本身的知识和语言以外的与交际相关的其他知识。语言的知识包括对所使用的语言的掌握，对语言交际上的了解；语言外的知识包括背景知识常识（文化的社会规范、特定文化的会话规则）和情境知识（交际的时间、场所、内容、交际的形式、交际参与者的人物关系）。

以上分类是从不同角度，以不同的标准和方法进行的。综合来看，语境的构成可以分为两大类，即语言语境和非语言语境，而非语言语境又可以分为情景语境和文化语境。首先，语言语境指的是语言知识和已成文字的话语或语篇，它是言辞意义的依据，是口语交际意义的基础，语言中的词不是孤立的，不同的词语搭配、不同的词组、不同的语句、不同的语气、不同的语调都表达了不同的交际意思。情景语境是指说话时发生的实际背景、情境、氛围，包括具体的交际现场以及影响交际的全部因素，包含主体因素和社会因素。情境语境对言语交际的影响、对话语的建构和理解的作用影响十分明显。在英语口语课堂教学中，近乎真实的情境创设可以唤醒学生的参与愿望，实现学生言之有物，是口语课堂学生有话想说、有话会说、有话能说的有效渠道。

2. 语境的特征

从语境的丰富内涵和构成中可以看出，语境绝非单纯的、孤立的概念，而是一个整体的系统。它体现了普遍性和特殊性、临时性和积淀性、客观性和主观性、整体性和层次性的统一。

（1）普遍性和特殊性的统一

语境普遍存在于每一个言语交际中，没有独立于语境的句子，我们所说的任何一句话都处在一定的语境之中。在言语交际中，失去语境的言语对我们没有任何交际意义，无语境的言语是不可理解的。从这点上看，语境自始至终存在于一切言语交际中，这就是语境的普遍性。

然而，对于具体的每一个交际活动来说，语境又各不相同，即语境具有特殊性。语境的特殊性表现为每一个言语交际活动都与特定的民族文化、各种语言、交际主体、交际时间、场景等因素相匹配。

在语言交际中，语境是可变的。从根本上讲，语境是一个动态系统，因为交际过程在不断发生着变化。交际中的人们有着不同的目的、动机、话题、心境等，具体时间、地点、场合、交际对象也会随时发生变化。然而，语言的演变是渐进式的，语言环境就相对稳定些，对于语言使用者的性别、性格、人生观来说都相对稳定；作为历史产物的民族习惯和民族文化更是不会在短时间内发生变化。可见，语境的可变性和稳定性特征是相对的。因此，在口语课堂教学中，对于学生文化语境的培养对学生在同一历史时期进行的口语交际活动是十分必要的。

（2）临时性和积淀性的统一

由语境的可变性，我们可以看出语境具有临时性。语境构成的因素，如时间、地点、话题等都是临时的，随着交际的发展而不断变化。语境因素的改变会使同样一句话具有不同的意义，特定的语境对表达和理解口语交际中的话语意义具有帮助作用。然而，交际双方所具有的知识（包括语言知识、文化知识、社会背景知识等）是通过长期的学习和体验积淀而成。因而，培养自己的英语口语交际能力，要注重自身英语语言知识、英语文化知识和英语使用国家的社会背景知识的长期积累与联系。

（3）客观性和主观性的统一

作为影响交际意义的重要因素，语境是一种客观存在。情景语境和语言语境成为直接影响交际的客观因素。言语活动中的规则、交际双方的自身特点、双方共知的信息、社会文化因素（时代政治、经济、文化背景等）对言语交际产生影响，使语境具有客观性。然而，语境又具有主观性，其主要体现在交际主体对语境因素的主观认知上。在言语交际中，所有影响交际的因素只有经过了交际主体的认知才能产生作用。相同的语境中，不同的交际方式行为成为具有主观性的交际语境，因此，语境是客观因素和主观认识的统一。

（4）整体性和层次性的统一

语言是一个系统，是由相互联系、相互制约的各个要素和不同层次结构组成的综合整体。语境也是一个整体系统，由各种不同要素构成，按一定的联系方式和作用方式分层次组织而成，其各个要素之间围绕一定的言语活动彼此相互联系、相互作用，形成协调统一的整体。正是由于语境的整体性，才使得口语交际活动围绕中心话题展开，形成相对完整的语境系统，对言语表达和理解起着协调的作用。然而，在每一个具体的口语交际活动中，不同的语境要素发挥着不同的作用，体现其层次性。

因此，语境也有大小、主次之分，体现整体性和层次性的统一正是因为语境具有上述这些特征，在口语教学中，教师要理解这些特点，营造出与对方一致的语境。这样，双方才能正确理解对方的交际意图和意义，才能达到交际的目的。

（三）语境与英语口语教学的关系

语境与口语教学的关系比任何学科更为密切。语境是口语教学研究中不可缺少的重要因素，因为口语交际对语境的依赖性很大，任何的口语交际练习与实践都是一定语境中的产物。

1. 语境理论在口语教学中的作用

（1）语境理论的应用是促进教学交往的重要保证

教学活动是一种交际活动，口语教学活动的交际性更强，伴生于口语课堂教学交际活动中的语境，对整个教学过程语言的运用起到制约和解释的作用。口语课堂中的语境包括课堂情境语境、口语教学内容所处的不同的社会历史文化语境和材料本身所具有的上下文语境等。这些语境因素作用于师生双方心理，影响师生双方的行为和目的，使师生在口语教学中，通过课堂语境的暗示对言语的理解和表达产生特定的指向，并做出适宜的理解和表达，从而影响教学活动。

口语教学与词汇、阅读教学不同，它不仅是通过言语沟通师生双方的交际活动，而且是以激活学生主体，建构内在的言语交际能力为宗旨的交际过程。而特定的口语交际能力需要在特定的交际活动过程中，根据特定的言语交际环境的要求，通过学生自主的口语实践活动建构而成。

在这一建构的过程中，语境既制约着口语的交际活动，又成为口语交际实现的重要手段。因此，语境理论的运用为口语交际活动的顺利进行提供了保证，更是促进教学目标达成的重要保证。

（2）语境理论的应用是口语教学目标实现的有效途径

口语交际教学是指教师引导学生参与口语交际活动，规范口语表达、提高口语交际能力、培养学生口语交际素养的教学。口语交际是在特定语境中发生的一种交际现象，口语教学中的口语交际是发生在课堂上的交际，其话题、交际对象和交际场合都是在一定的语境下确定的，其话题的延伸、表达方式的选择、对对方话语的理解都是在一定的语境下进行的。因而，在口语教学中创设近乎真实的、情感的、轻松的语境是学生主动参与语言交际活动的重要前提和保障。只有通过大量的口语交际练习与实践，才能使学生锻炼和提高自己的交际能力，最终实现口语教学的目标。

2. 语境理论应用于口语教学的可行性

口语教学离不开口语技能的培养，而口语技能的培养与语言功能的了解和掌握有着密切的联系。在过去的几十年里，国内教育研究者尝试把语境引入英语教学的词汇教学、阅读教学中。语言的学习是听、说、读、写综合的过程，语境理论在词汇教学和阅读教学中的成功应用，也暗示着其在口语教学中能够发挥积极作用。

语言最本质的功能是社会交际功能，口语教学的根本任务是使学生实现和掌握口语交际能力，而口语交际不可能在真空里进行，它必须发生在一定的语境里。语言是人类活动的一部分，在不同的环境里，人们选择了相应的言语，所以语言和语境是相互关联的统一体。如果不能正确认识这种相互依赖关系，口语交际活动就无法正常进行。因此，口语教学不能脱离语境而单独进行。教师应将学生置于交际的语境里，使他们学会在不同的语境中运用不同的表达方式，实现交际活动。

二、英语口语语境教学的方法

（一）熟悉语言环境

口语和听力作为一个编码和解码的过程，包含语音、词汇、语法和背景知识。语言语境是指出现在词、短语、句子或段落、篇章之前或之后的直接语境，帮助确定词、短语或句子在文本中的含义。语言语境可以分为语音语境、短语语境和句子语境。

教授语言语境可以促进口语能力，如辨析语音、理解词汇和语法结构等。大多数教师通常会运用给学生课前几分钟上台轮流演讲的训练方法。首先，用一两节课的课时给学生讲明白口语交际中需要注意的内容，鼓励每一位学生都能放下思想包袱，可以主动在公众面前开口表达自己的思想；之后，教师再安排课前的演讲活动，演讲活动的具体内容和形式应该是多样化的，既可以拟定一个题目、创设一个情境，让学生体验情境语境，进行口语训练，如买东西、打电话、自我介绍等，也可以由学生自主选择情境语境进行口语练习。演讲完成后，请一两位学生给出评论，评价的内容可以包括演讲的内容、演讲者的体态、语速、语调、发音等各个方面。这样做既可以检查口语理解的训练效果，又可以帮助学生们纠正口语交际的不当做法。最后，教师结合真实语境总结出学生的优点和不当之处。教师的态度要和蔼，多鼓励、多表扬，批评应委婉或暗示其自己纠正，对学生的评价要公正真诚，不能损害学生的自尊，同时保护学生的创新精神，增强学生的学习兴趣。

（二）建构情境语境

情境语境的建构在英语口语教学中发挥着极为重要的作用。教师应该根据学生在语场、语旨和语式方面的熟练程度，并充分利用这三个因素来发挥适当的作用。教师应该给学生一定的情景语境，使之感受语境因素，对学生进行口语训练。

在口语教学过程中，教师应该首先介绍情境语境，说清与当前教学任务相关的主题、参与者和传输媒介等信息。在教师的帮助下，学生能够预测和推断词汇和语法特征以及对下文的模糊判断。例如，让学生听一段看眼科医生的对话，学生会推断出对话的主题可能是关于治疗眼睛的问题，因此，相关的词汇和表达就会出现在学生的脑海，进而使听说任务变得更加容易。在此需要澄清一点，每一个抽象的语境都包含了无数的变量，所以仅仅基于有限的语境来进行听说教学是远远不够的。就看眼科医生的对话来说，教师可能引导学生分别进行口语练习；从语场的角度，教师可能会保持参与者和交流媒介的关系不变，改变话题从治疗眼睛到有效保护眼睛的方法。

（三）学习文化语境

语言和文化是紧密相连、密不可分的，没有足够的母语和目的语的文化背景知识是无法从根本上提高口语交际能力的。众所周知，西方文化和中国文化在价值观、思维模式、表达方式等方面有很大的差异，如西方人崇尚个人主义、个人至上，而中国人则推崇集体利益高于一切。对于外语学习者来说，文化内涵是交际的主要障碍，所以口语教学要重视文化差异的因素。学生在学习西方语言的同时也了解了西方的文化；反之，对于文化的理解会促进学生口语交际的有效性。教师要在口语课堂上充分发挥作用，鼓励学生有文化意识，尽可能多地为学生设置文化语境，最终提高学生口语交际的能力。

（四）界定交际意图

一些语言学派从言语行为理论来诠释交际意图。张德禄以系统功能语言学为基础把交际意图分为明确的和不明确的意图两种：明确的意图是言语本身所表达的含义，而不明确的意图得根据语境来判断；不明确的意图又可以进一步地分为文化语境和情境语境两种。交际意图与语境是相互依存的关系。教师要通过生动的例子帮助学生去体会不明确的交际意图，也就是说为学生创造更为生动的语境；教师要鼓励学生根据文化语境和情境语境来更准确地把握交际意图，从而培养有效的交际能力。口语教学的目标就是提高学生选择适合文化语境和情境语境的表达的能力以及通过言内之意来表达言外之意的能力。

三、英语口语语境教学的具体步骤

在口语教学中，充分发挥语境的作用，创设语言语境、情境语境和文化语境。具体课堂操作主要分为以下五个步骤。

第一步：让学生观看与所讲话题相关的英语国家的文化相关的视频，比如，婚姻文化、就餐礼仪、宗教文化等。

第二步：学生把英语国家的文化与自己国家的文化进行对比，发现异同点。

第三步：教师做总结并扩展文化知识。

第四步：创造接近真实的语境，比如，学生分别扮演情境下的不同角色，来练习口语。

第五步：教师最后对学生的表演等口语练习活动做评论。评价应主要集中在学生的英语使用情况以及在此语境下应该如何使用英语达到更有效交流的目的。

第五章 核心素养理念下的阅读教学策略

第一节 基于核心素养的高中英语阅读教学理念

一、核心素养理念下的英语教师实践探索

（一）从教材的“解读者”转变为资源的“整合者”

中国学生发展核心素养的提出，彻底转变了“学科本位”“知识本位”的教学理念。这便要求教师不但要熟练地驾驭教材，而且要创造性地整合各种教育资源，带领学生去探索知识，进而建构知识与发展能力。孙立春善于整合自然界中的教育资源，她还敏锐地意识到互联网信息资源与技术资源在课堂上的教学价值，于是微信讨论组成为她的教学方式，各种前沿科技产品都成了她的教具。在课堂上，孙立春不仅是资源的“整合者”，更是学生的“引领者”和“合作者”。孙立春在自然界当中进行观察学习，利用互联网进行互动学习，引导学生在主体性活动中建构自己有意义的知识。

（二）从关注知识的掌握到重视探索创新精神的培养

信息技术革命的不断深化带来了知识的大爆炸，主知主义的教学方式已经无法适应时代的育人要求，只有求知、探索、创新精神和能力的发展，才能够让学生为未来做好准备并终身受益。

（三）由教学结果的“片面追求者”转变为教育过程的“恰当影响者”

教育要“遵循学生成长的固有规律，耐心地关注和引导学生”。孙立春并不急于达到教育目的，或者急于去纠正学生的不良行为，或者去发展学生的某种能力，而是在慢慢等待。她所说的“静待花开”并不是一种消极无为的等待，她在整个教育过程中都在观察学生的行为，评价学生的发展，并及时施加教育影响，这好比为花朵的幼芽浇水施肥，而非揠苗助长。作为人，

学生具有其内在的身心发展规律；作为学习个体，学生也遵循着学习规律的发展。因此，教育者应该把握并遵循学生成长的内在规律。在此基础之上，教育的发展要先于学生的发展，这就要求教师要高瞻远瞩，结合时代的发展要求对学生施加教育影响。孙立春重视互联网信息资源和技术资源在课堂上的运用，这也体现出其前瞻性的教育远见，符合中国学生发展核心素养当中“信息意识”和“技术运用”的目标。

然而，相当一部分一线教师可能会感到陌生和遥不可及，这种思想毫无疑问会阻碍核心素养的践行。理论成果扎根教学实践，其离不开专家学者的不断探索，更离不开教师群体的不断追求。一名优秀的教师不仅应做到学科业务精湛，还要时刻关注教育发展的动向，这样才能够实现教育的社会性价值。“十年树木，百年树人”，发展学生核心素养的教育实践前途是光明的，而道路是曲折的，教师自己要做好准备，坚持不懈、不断探索。

二、核心素养下的高中英语阅读教学

阅读是语言教学的重要组成部分，培养学生的阅读能力是高中英语教学的重要目标。为了实现英语阅读教学目标，根据新课程标准和新教材对核心素养和阅读教学的要求，我们有必要对阅读课的教学策略进行学习和探讨。

高中英语阅读课文具有题材广泛、体裁多样、语言知识丰富等特征，既是教学的核心部分，也是培养学生阅读能力的主要渠道。那么，如何借助这些课文来提高学生的阅读速度、阅读理解能力和语言水平？经过教学实践的不断尝试，不同阅读活动阶段，必须采用不同阅读教学策略，以实现不同的阅读教学目标。在课堂教学中，培养学生阅读策略能大大地提高学生的阅读理解能力。如果英语教师能在平时的课堂教学中注重英语阅读策略的训练，使得学生逐步地发展“了解策略—掌握策略—熟练运用策略”。学生的阅读理解能力必然大大提高，从而提高英语成绩。教师把阅读策略的训练渗透到课堂教学中，不仅能改变英语教学中一些耗时、费力、低效的尴尬和无奈，从而提高教学效果，而且能帮助学生实现“学读”到“会读”，再到“乐读”的转变，培养了学生自主学习的能力。

高中英语课本中的阅读课文具有题材广泛、体裁多样、语言知识丰富等特征，是培养学生阅读能力的主要渠道。把阅读策略训练渗透到高中课堂教学中可改变纯粹的、集中式的策略训练让学生产生的乏味、无趣的感觉，从而提高学习效率。

（一）在导入阶段激发学生的阅读兴趣

一是，为了提高学生的阅读速度，排除题干中词汇带来的障碍，在导入阶段设置了词汇拼写，这些词汇都是阅读理解的问题中出现的高频词汇。这样既增加学生的信心，又激发了学生学习课文的动力。

二是，就阅读材料向学生介绍有关问题的形式，启发学生思考，激发其阅读兴趣。导入后，介绍解题方法——导读法，先读题——带着题去读文章——找出与问题有关的词语和句子。学生看过之后，就会思考如何解决这个问题。兴趣是最好的教师，学生只有对即将使用的阅读方法感兴趣了，阅读课才能顺利进行下去。

（二）合理安排教学步骤，有层次地推进

第一次阅读：略读法。

通过略读，学生了解文章大意，对课文有一个整体认识。大部分学生都能完成这项任务。

第二次阅读：找读法，猜测词义法，推理判断法。

在平时的课堂教学中，教师应结合教学内容对学生进行不同的阅读策略指导。学生在完成学习任务的过程中练习，巩固使用策略，学生对英语阅读的兴趣及水平都会增强。因此，在课堂教学中渗透阅读策略训练是提高学生自主学习能力的有效途径。

（三）挖掘文章内涵，开展创造性思维活动

语言教学在传授知识的同时也肩负着思想教育的功能，因此，教师要善于挖掘教材中丰富的文化信息和思想内容。教师所提出的问题不仅涉及所学课文的一般事实，可以扩展到相关领域，也可以联系学生的生活与学习，启发学生思考，使学生对所学课文有更深层次的理解。

鼓励学生发表自己的见解，允许学生争论，并为学生创设自由、宽松和活泼的讨论氛围，以充分调动学生学习的积极性，激发学生的学习兴趣，激活学生的思维和情感，使学生的创造力得以发挥，并帮助其将所学的语言转化为用语言进行交际的能力。有的学生说要根据引起贫困的原因，具体问题具体解决，要从长远角度根本上解决贫困。这样就抓住了文章的中心。

（四）读后设计一系列的任务，让学生进行自我巩固

阅读之后，教师可以要求学生以口头的形式复述课文，或者以书面的形式表达阅读体会，或者就某一话题联系实际进行小组讨论，在这个用英语积极思维的过程中，学生发展了英语思维的能力和文章的谋篇布局能力。这些能力不但有利于学生提高阅读速度，培养良好的阅读习惯，而且有利于学生抓住文章要领，了解文章组织结构的能力及对篇章的推理能力。

课后反思：英语阅读策略是指在英语阅读过程中，有意识地、灵活地运用系列阅读方法或技能的阅读学习过程和调控阅读环节的操作过程。为了提高阅读理解能力，学习者要形成有效的阅读策略，克服不良的阅读习惯。常见的阅读策略有略读、找读、词意猜测、推理判断等。

阅读是一个语言与思维相互作用的过程。高中英语阅读课教学虽然没有固定的教学模式，但有其内在的规律。实践证明，教师只有树立以学生为主体的思想，精心设计阅读教学过程，充分调动学生参与阅读的积极性，采用师生平等互动和生生互动的阅读教学策略，培养他们综合运用语言的能力，英语阅读课教学才能焕发活力。

学科核心素养不仅仅是知识技能，更重要的是情感、态度、知识技能的综合表现。就英语学科核心素养的培养而言，在英语阅读课中，渗透核心素养是高中英语阅读教学有效的方法之一。因此，教师应顺应时代的要求，落实英语学科核心素质的要求，积极转变英语阅读教学观念，更新教学方法，以学生为主体，培养学生的阅读策略、批判性思维和鉴赏性阅读能力，提高学生的阅读体验，进而提高英语阅读教学的效率。

第二节 基于核心素养的高中英语阅读教学改革与评估

一、基于核心素养的高中英语阅读教学改革

（一）高中英语阅读教学的教学改革措施

1. 充分利用现有的途径丰富阅读材料，增加阅读量，扩大阅读面

学生在英语阅读中往往忽视自己所掌握的相关背景知识，而阅读理解不仅要运用语言知识，还要依赖广泛的语言以外的知识。事实上，任何理解只有在读者已有的知识结构内才能产生。很多研究表明，读者的背景知识在

阅读过程中扮演着关键的角色。读者所具有的背景知识越多，他所需要的文字信息就越少。文章中提供的一些语言线索可以激活学生的相关背景知识，这些背景知识反过来可以帮助学生理解文章的内容，把握作者的行文思路。因此，教师在课堂教学中要注意引导学生激活他们的相关知识，提醒他们充分运用自身的知识储备。因此，作为高中英语教师，在课堂上尤其是在课堂导入阶段，应该有意识地将文化背景知识的介绍融入其中，介绍相关的背景知识，以激发学生的学习兴趣和动机。

2. 结合上下文猜测词义

在英语阅读的过程中，许多学生对字典的依赖性非常大。但其实解决词汇量不足的最好办法就是根据语法知识结构，利用个人已有的背景知识来推断生词在文章中的大概意思，让学生逐渐养成自己发掘单词意思的习惯。

3. 科学调节阅读速度

科学调节阅读速度就要求正确处理细读与略读之间的关系。在细读中进行质疑和释义是促进理解的有效策略。教师在实际教学中应当指导学生依据不同的阅读材料选取合理的阅读策略，以达到提高其阅读能力的目的。

4. 激发学生的兴趣

激发学生的兴趣具有重要意义，它不仅使阅读具有目的性，让学生在重要的信息上投入必要的精力，更重要的是帮助学生成为具有好奇心和自信心的阅读者。教师可以通过多种方式激发学生的兴趣。比如，教师可以做课文导入，针对文章的题目或内容提出一些与实际相结合的问题，吸引学生的注意力。此外，教师可以通过提供多样化的阅读材料来激发学生的阅读兴趣。通过阅读内容丰富、涉及面广的材料，学生得以在更广阔的语言环境中丰富自己的语言经历。丰富的语言经历是学好一门语言不可或缺的要素。教师选取的材料可涉及政治、经济、文化、自然科学等，体裁也可多样化，如小说、新闻报道、诗歌、戏剧等。

在阅读课堂上，教师可以组织形式多样的活动，在活跃课堂气氛的同时也可以加强教学效果。例如，教师可以组织小组讨论，让每一位学生积极地参与，更主动地学习课文内容。如果文章具有故事性，教师还可以让学生进行表演。这样学生兴致盎然，对文章的理解也更准确、更深刻。

（二）核心素养下的英语阅读课堂设计

核心素养无论是关键能力，还是必备品格，都是整个教育、各个学科的共同目标。核心素养的确定需要一个基本环节，即需要探究核心素养落实为课堂教学实践活动的可能，因为只有可以落实为课堂教学实践，才能真正成为核心素养。因此，改革教学设计、重组课堂组织方式是“核心素养落地”的一个不可忽视的要点。核心素养视角下的教学设计必须着眼于学生核心素养的有效发展，从教材解读与处理、教学内容的选择与取舍到教学目标的确定以及教学策略的设计，都必须更新理念、不断革新。

1. 以核心素养立场解读教材

（1）理论精要

就教师而言，教材是完成教学任务的依据；就学生而言，教材是学习的最基本材料，是学习知识、提高能力的载体。学科对学生核心素养的贡献，主要通过学科的具体化——课程、教材与教学来实现。因此，教师有效、正确地解读教材是实现课堂有效教学的前提条件，对落实核心素养有着至关重要的作用。而教材的质量不均衡，就对一线教师如何以核心素养理念解读和处理教材提出了不小的挑战。

核心素养视域下的教材解读，要全面挖掘、有机整合。教师解读教材时，应该站在核心素养的高度，时时刻刻把培养和发展学生的核心素养放在首位，努力发掘教材中的核心素养并加以整合。那么，教师在解读教材时，就要把发展学生的思维能力作为一个重要方面来挖掘和整合。教材中没有现成的关于思维训练和思维发展的内容，教师就要对教材进行合理的二次开发，挖掘和开发教材中有利于学生思维发展的内容。核心素养视域下的教材解读，要以创新的眼光解读和使用教材。教师要带着发展和创新的眼光对教材进行解读，要有自己的个性化思考。解读教材不是只解读文本，也不是看看参考书或者查查资料，而是要有自己的思考和观点，要考虑学生的情况。

（2）实践指南

核心素养视域下的教材解读，主要注意以下两个问题。

①全面解读教材，树立正确的教材观

核心素养下的教材解读，要求教师关注教材的双重价值，尤其要关注人的发展。解读教材就是要通过表面的语言文字深入文本内核，准确地理解文本的深层意蕴。就高中英语学科而言，文化意识的培养是一项重要的内容。

②整体解读教材，建构完整的知识网络

英语教材都有自己的结构体系，或者以话题为主线，或者以语言结构为主线，或者以交际功能为主线。首先，教师要从教材板块来解读编者意图，要将编者的编写意图转化为自己的设计方案，把学生的学习需要转化为自己的教学目标，并引导学生自主建构，实现教学目标与学习目标的有机统一。其次，教师要从单元整体寻找核心语言知识。教材中蕴含着许多语言知识，其中有核心语言知识和非核心语言知识。教师在解读教材过程中可以参考教材相关板块中所列的语言项目。教师只有确定了核心语言知识后，才能在教学过程中做到有的放矢并围绕核心语言进行训练。

2. 以核心素养视角取舍和确定教学内容

（1）理论精要

在核心素养视角下确定教学内容，还需要教师扎实地钻研教材文本，以开放的教学理念灵活使用教材，整合教学内容并适时拓展，促进学生各项技能的和谐发展。教师要整体性地深入研究教材，不仅要从微观角度深入研究每课时的具体内容和编者意图，力求读透教材中的每一句话，把握文本所蕴藏的内涵，还要从宏观上整体去把握一个单元、一册教材在整个教材体系中的地位和作用，把握知识发展的线索，从中理清学习内容。教学内容的选择与整合有不同层次，包括学科内的教学内容整合和学科间的主题整合。

（2）实践指南

对于核心素养视角下的教学内容确定，教师要注意以下两个方面。

①要基于教材对内容进行整合

英语教材大多以话题为中心，以任务为目标，以功能和结构为主线，根据学生的心理特点以及发展需求，渗透了核心素养的元素。然而，教师在教学中依然要根据学生的实际需求与长远发展目标，对教学内容进行有机的开发与整合，以适应学生核心素养发展的需求。

第一，基于核心知识，整合文本内容。现行的英语教材大多采用板块式结构，阅读、语法、语音、对话等板块让英语课堂越来越综合，如何让这些“散落”的板块凝结成团，教师就要依据单元核心知识和能力给教学内容做二次开发。

第二，基于能力指标，改编文本体裁。现行英语教材的体裁还是比较丰富的，有对话、语篇、诗歌等。根据高中各年级和单元的不同要求，教师不仅可以对各种体裁的文本内容进行完善、调整和整合，如段落式的可以改编成对话式的，对话式的也可以改编成段落式的；还可以根据学生的认知水平，选择认知难度合适的原版材料引入课堂，如一些原版的绘本阅读材料可以适度修改文本，调整这些材料的语言难度，以便更好地设计学生的语言实践活动。

第三，基于文化意识，引进跨文化内容。英语学科素养要素的重点就是国际视野和跨文化思维。不管是在文化知识显性呈现的文化板块，还是对于其他内容中文化元素的发掘，都需要教师开阔视野、开发教材，带着学生阅读大量的英语著作，大量输入有用的信息，以提升学生的跨文化思维能力。

②要加强单元教学的整体设计

教师要实现单元教学的整体设计，正确解读单元主题、合理确立单课话题、再构合理的文本是构建单元整体教学体系的重要步骤。第一，教师要能基于主题，设定话题。英语教材每个单元都有一个主题，每个主题下又可以设计不同的话题。在整体设计时，教师要能基于单元主题设计各个课时的话题。分课时话题要紧扣单元主题，同时，各课时之间又能做到层层递进，打造多元内涵、多信息层次的课堂教学。第二，教师要结合目标，整合内容。教师在设计教学时应充分考虑语言学习的渐进性与持续性，结合教学目标，合理整合所教单元的内容。第三，教师要能依托语用，再构文本。整体语言教学法强调以语篇带动词句的学习，有的板块没有现成的教学文本，教师要能根据教学目标和前后内容，再构板块教学文本。第四，教师要能基于内容，运用语言。学生的综合语言运用能力是英语学科的关键能力，教师应站在学生的角度，以体验学习、实践及运用来拓展教学思路，达到提高学生综合语言运用能力的目的，从而培养学生的核心素养。

（三）英语教师开展阅读教学的策略

1. 培养学生对英语的语感

由于教学资源有限，教师应充分利用学校有限的资源，培养学生的基本知识和技能以及学生的各种语言技能。

首先，教师要充分利用教材，加强课内文章的练习。对于基础知识，教师应尽可能集中精力，加强学生对基础知识的理解和掌握。随着教学理念的提高，教材也进行了一定程度的改革，主要体现在词汇的增加上。面对这么多词汇，学生记忆自然会有困难，这就要求教师对教学内容进行一定的调整；对于这一部分，教师要帮助学生加强对教材的理解和记忆，减轻学生的负担，从而避免积累过多的英语学习负担而产生疲劳，以致对学习英语失去兴趣。

其次，教师要在强化教学的基础上，督促学生多练习，有一个巩固所学内容的过程。即使教师对英语阅读教学内容做了详细的讲解，学生的记忆仍然是暂时的。只有通过不断的实践，把所学知识运用到实践中，才能使学生对所学知识有更深的理解和记忆。但是，这里所说的多练习不仅指时间长、练习多，还要学会生活、学会运用，只有这样才能达到学习的效果。学生应根据实际情况选择多种句型等造句方法。

最后，教师要加强学生的快速阅读的能力，培养学生的语感。教师可以选择让学生在有限的时间内快速阅读一篇文章，同时做一些阅读和听力练习来培养学生的听说能力。

2. 激活英语阅读课堂

（1）精设课堂提问，促使学生思维能力的发展

①借用教材的文本材料，预测文章内容

和上面提到的解决方法和确认策略一样，积极阅读课的学习氛围也可以通过对课文内容的预测来开始。文本内容主要包括标题、副标题、插图、表格、不同标准字体和大小、字体颜色等。这些直观的设计其实是为了突出文章中需要重点关注的部分。在教学过程中，教师可以引导学生根据文本中这些比较醒目的符号信息对文章的内容进行一般的预测，然后再对自己的预测内容，通过对文章的阅读加以确认。这种寓教于乐的阅读方式可以激发学生探索未知的兴趣，提高学生的阅读热情。

②通过深层问题拓展文本内涵

阅读过程分为三个层次：字面阅读、解释性阅读和批判性阅读。其中，字面阅读是指通过阅读文章来获取和理解文本信息；解释性阅读是指在阅读一篇文章后，运用知识或信息来解决问题；批判性阅读包括分析、综合和评价三个层次。学生普遍缺乏对文章深入分析的能力，因此，教师在设计教学

时，可以根据学生在这方面的缺陷设计具体的问题，即问题的设计要有启发性。思考可以帮助学生跟随教师提问，理解文本信息，挖掘课文内涵，使学生学会阅读和独立思考。

深层次问题有两类：参考型问题和评价型问题。参考型问题是针对文本的语言修辞、深层含义、文化内涵和写作意图而提出的问题。这类问题使学生不仅需要参考课文内容，还需要对所掌握的课文信息进行加工整合，从而总结出问题的答案；评价型问题是关于文本中的任务、事件、主题和作者观点的问题。这类问题更考验学生的思维和逻辑，因为这类问题没有标准答案，学生需要结合自己的知识、思考和情感体验，从不同的角度和层次开放性地回答。

（2）以读促写，增进阅读能力的效能

英语作为一门学科，从读到写的过程体现了学生语言应用能力的提高和语言知识的扩展，是学生综合能力的表现。大部分学校的阅读教学课程专注于对文本的理解，主要就是把词汇进行简单的翻译，对语法进行逐句的讲解，而忽视了对文本结构的延伸和运用方面的训练，导致许多学生翻译了很多文章，阅读了大量的英语材料，但是在英语写作时仍然无法构思作文的逻辑结构，英语运用能力非常有限。事实上，英语写作的过程是锻炼学生阅读能力的过程，它不仅可以帮助学生提高英语实践能力，还可以帮助他们在写作中构建逻辑思维能力，从而提高阅读能力。

二、基于核心素养的高中英语阅读教学评估

（一）采取定性与定量相结合的综合性评价方式

1. 用定量评价的方式评价学生核心素养的外显部分

核心素养是一个指向未来发展的概念，发展应是核心素养的生命力之所在。我们对学生的评价不能再以单纯的笔试成绩作为考核标准，而应注重测评的整体性和发展性，将学习过程评价与学习结果评价相结合。这就要求我们将形成性评价与终结性评价相结合，更加关注学生平时的课堂表现。

2. 以定量评价和定性评价相结合的评价方式评价并发展学生的核心素养

评价要以学生的发展为出发点。利用量化评价与质性评价相结合的方式，全面推进学生核心素养的发展。通过评价，学生在英语学习过程中不断

体验进步与成功，认识自我、建立自信。教师应使学生认识到评价对于学习能力发展的意义，尽力提供一些切实可行的能力培养评价表。

（二）运用基于生长理念的多样化学习评价方法

课堂教学评价并不是独立于课堂教学过程之外的活动，其本身就是教学有机地融合于整体的课堂教学活动。只不过课堂教学评价有时较为明显，有时则隐含于具体的教学活动中。而当前的高中英语课堂教学中，学习评价常常为了迎合课堂教学而阻碍了学生生长的进度，因为应付而阻滞了学生生长的热情，因为专断而阻隔了学生生长的机会，因为划一而阻断了学生生长的时空。这些都是我们要极力避免的问题。核心素养具有指向未来、不断优化发展的动态性。因此，在核心素养视域下具有生长力量的多样化的学习评价没有一成不变的策略。课堂是动态的，具有发展性、生成性、不可预见性。基于核心素养的课堂学习评价，教师应从学生生长发展的角度，实施多样化的学习评价策略。

（三）多维评价体系在高中英语阅读教学中的应用

终结性评价是一种注重结果、成绩和区分的评价形式，它关注整个阶段的教学效果，在外语教学评价中一直发挥着重要作用。形成性评价强调对整个学习过程的检查和评价。

（四）过程性评价在高中英语阅读教学中的应用

在英语学习环境中，阅读是最重要的语言输入方式。在阅读教学过程中，学生在教师的组织、帮助和指导下学习。是否完成了教学目标需要教学评价的指导。教学评价既是教师获取教学反馈信息、改进教学管理、保证教学质量的重要依据，也是学生调整学习策略、改进学习方法、提高学习效率、取得良好学习效果的有效手段。传统的高中英语教学评价多偏重于总结性评价，即教师对学生已有成绩的判断，通常以考试成绩为依据，而对学生的学习过程、情感体验、态度、价值观等方面重视不够。评价的主体是教师，学生只能被动地接受教师的评价，缺乏对自己学习过程的反思，一旦考试结果不理想，就会失去自信心和学习兴趣。因此，有必要构建一套有效的评价体系，检查学习过程中的每一个环节、每一个步骤、每一个阶段，努力通过实践来培养技能、锻炼能力。

第三节 基于核心素养的高中英语阅读技巧策略

高中英语阅读是学生英语学习中的重要环节，培养学生的阅读能力是高中英语教学的核心内容之一。核心素养是指学生具备的基本的学科知识、技能和态度等方面的素养。在高中英语阅读教学中，基于核心素养的教学策略能够帮助学生更好地提高阅读能力和理解能力。

一、基于核心素养的高中英语阅读数学策略之阅读技巧

阅读技巧是学生提高阅读理解能力的基础，教师在教学过程中可以采取以下四种策略来培养学生的阅读技巧。

（一）预测和猜测法

学生在开始阅读一篇文章之前，可以通过预测和猜测文章的主题、内容和结构等来激发他们的阅读兴趣和动力。

（二）寻读关键词法

在阅读过程中，学生可以通过寻找和标记关键词，如名词、动词和形容词等来帮助他们快速理解文章的主旨和重点。

（三）利用上下文暗示法

学生在遇到生词或不理解的句子时，可以通过上下文的暗示来猜测词义或理解句子的意图，提高阅读理解能力。

（四）图表和插图的运用

教师可以在教学过程中使用图表和插图等辅助工具，帮助学生更好地理解文章的内容和结构。

二、基于核心素养的高中英语阅读教学策略之文化认知

英语阅读不仅仅是对文字的理解，还包含对相关文化背景的认知。教师可以从以下三个方面培养学生的文化认知。

（一）引入文化背景知识

在教学过程中，教师可以引导学生了解相关文化背景知识，如历史、地理和社会背景等以帮助学生更好地理解和欣赏相关文本。

（二）引导学生进行文化比较

教师可以引导学生对比英语和中国文化的差异和共同点，培养学生的跨文化意识和文化理解能力。

（三）鼓励学生拓展阅读材料

除了教科书中的文章，教师可以鼓励学生阅读一些有关英语国家文化的材料，如名著、报纸和杂志等，拓宽学生的阅读广度和深度。

1. 激发学生的学习兴趣

教师可以通过设置问题、引入趣味话题等方式来激发学生对阅读的兴趣，增强他们主动阅读的积极性。

2. 鼓励学生表达个人观点

学生在阅读过程中可以通过写读后感、讨论等方式来表达自己的观点和感受，教师可以鼓励学生大胆表达并尊重他们的观点。

3. 分享优秀作品

教师可以在课堂上分享一些优秀的阅读作品，如好的阅读材料、新闻报道等，激发学生对阅读的兴趣和热爱。

三、基于核心素养的高中英语阅读教学策略之综合实践

通过综合实践的方式能够提高学生解决问题和应对挑战的能力，以下是三个具体策略。

（一）阅读实践活动

教师可以组织一些阅读实践活动，如阅读小组、阅读比赛等，让学生在实践中不断提高阅读能力。

（二）模拟考试

教师可以定期安排模拟考试，让学生在考试的环境中进行阅读训练，提高他们的应试能力和心理素质。

（三）项目式学习

教师可以设计一些综合性的项目，如写小说、制作海报等，让学生在整合各种知识和技能的过程中提高阅读和写作能力。

基于核心素养的高中英语阅读教学策略涉及阅读技巧、文化认知和情感态度等多个方面。教师在教学过程中可以通过预测和猜测法、寻读关键词法等技巧来培养学生的阅读技巧，还可以引导学生了解相关文化背景知识，培养学生的文化认知能力。教师还应该注重培养学生的情感态度，通过激发学生的学习兴趣、鼓励学生表达个人观点等方式来提高学生的情感态度。此外，教师还可以通过阅读实践活动、模拟考试和项目式学习等综合实践方式，提高学生的解决问题和应对挑战的能力。通过这些策略，教师能够更好地培养学生的阅读能力和素养。

第四节 基于核心素养的高中英语阅读兴趣策略

一、养成良好习惯，学会快速阅读

（一）阅读习惯的培养

培养正确的阅读习惯对于提高阅读能力至关重要，应该从以下三个方面去练习实践。

1. 良好的视读习惯

在阅读过程中，有些学生习惯逐字阅读，而且每读一个单词，眼睛就会停顿一下，阅读速度的快慢并不取决于眼球运动的速度，而是决定于眼睛停留时捕捉信息的多少，即视幅越大，阅读速度越快。视读训练的过程要求我们必须集中精力，眼睛不停地往下看。如果思想集中，一般也不至于形成假读。

2. 默读

在小学甚至初中的学习中，已经养成了大声阅读的习惯，有时即使不出声嘴也跟着字行嚅动，觉得不这样做就难以理解文章。这样的“声读”，速度上不去，有时嘴里念念有词，心里却不知所云。然而，实践证明，读者正常的默读速度是他们说话速度的两倍。“默读”是通过视觉器官直接感知文字符号，速度要比出声的阅读快得多，也不影响他人。大多数的阅读都是在默读中进行的。训练一段时间后，再进行限时快速阅读训练。教师除了向学生讲解以上方法、技能并在上课时加强督促和指导，尽量改正学生不良阅读习惯外，还要注意到文化背景知识对于正确理解文章内容也起着很大的作用。

3. 精心组织、指导学生泛读

（1）正确处理词汇障碍

在阅读中遇到生词时，如不影响对语义的理解，可以跳过，顺势阅读下去，这有助于提高阅读速度，不打断阅读思路。有些生词可以根据语言环境中的线索合理推测出来。

（2）制定目标和综合评价模式

教师要指导学生根据自身的基础制订适合自己的英语阅读计划，包括完成计划的具体步骤和方法，可以是一周的，也可以是一个月的，但无论是哪种目标都应该要求学生实现。读的内容可以是几章、几页，或者按时间规定。

（二）养成快速阅读的习惯

如果仅仅停留在阅读中一些不良习惯的克服和一味地按理论方法一步一步地读，而不注重提高速度，要想养成良好的阅读习惯也是很难的。要训练、提高学生的阅读速度，应该选择以下三条途径。第一，限时阅读。有的学生平时做习题时只做单项选择题，不做或少做阅读题型，这是极不明智的。有条件的学校可开设泛读课，有步骤地进行阅读训练。第二，教师要教会学生阅读与思考并进的道理，学会整体阅读（注重文章大意，不拘细节）。第三，教师要教会学生处理好粗读与细读的关系。遇到优秀的文章，作为学习语言的读者至少要读两遍：第一遍为粗读，第二遍为细读。

粗读的目的有两个：一是温习学过的词汇、词组和句式；二是提取信息，扩充知识。细读的目的同样有两个：一是学会运用新词汇、新词组和新句式；二是训练思维，提炼观点直至发展观点加以创新。既然第一遍为粗读，这就要求学生不在语言结构上做长时间的停留，重要的是把握作者的思想，发挥自己的想象。文章读下来要有“语断”，但无“意断”，流畅顺达，一气呵成，速度要快。读完第一遍后可稍做停顿用于思考，提出创见。第二遍为细读，学生的任务也非常明确，即在语言结构上下功夫。语言的学习是离不开语境的，正是由于我们有了第一遍粗读的基础，熟悉了上下文，才有可能更好地学习语言，甚至运用语言。由此可见，粗读和细读的关系对语言学习者起着多么重要的作用。

综上，若能解决好以上三大问题，学生是可以养成良好的阅读习惯的。做好这些，良好的阅读习惯便会水到渠成，读者就可扯起风帆，穿过波涛汹涌的海面，驶向光辉胜利的彼岸。

二、把握阅读技巧，增进准确理解

（一）读前、读中预测

促进阅读理解的重要技能之一是进行预测，包括读前预测和读中预测。在阅读全文之前，快速扫描整篇文章。扫描时，仔细读标题、段落小标题、文章第一段、每一段的第一句话，甚至有时只是阅读第一句的部分内容就已获取足够供人们思考的信息。通过阅读标题，学生可以预测文章主题，甚至有可能得出中心思想，这是因为阅读段落标题弄清总述和分述的逻辑安排。文章第一段通常会告诉学生文章是有关什么主题的。在继续读下去之前先自己进行思考预测，尽管不可能理解每个细节或第一句，但是通过阅读概括和总结性的句子，可以抓住一个总的方向。这种技能在返回去仔细阅读时可以帮助学生更好地理解短文，或者为学生寻找具体问题的答案提供很好的思路。在阅读的过程中，学生要不断证实预测的正确与错误，并根据已知的信息进行进一步预测或预期作者的下一个意图。尽管不可能预测出每个细节，有时候预测也不一定正确，作者很可能会用出乎意料的构思，但是学生经常能够预测作者写作的一个总的方向，把所读短文可能的主题缩小并锁定在一个合理的范围。边读边预测，使人们始终保持头脑警觉，潜心于所读文章，这是对所读文章理解效果的双重检查，对于理解下面的内容有极大的帮助。

（二）上下文猜测词义

阅读中读者经常需要根据上下文提示猜出不熟悉单词的意思。其实，为了使文章意思清晰，好的作者通常会提供一些线索，因此，学生学会从文章中发现线索来理解词义将对阅读大有裨益。以下是一些常出现的上下文提示方式。第一，下定义。这种上下文线索最容易识别出来，有时作者通过使用标点符号把该单词和它的释义隔开。第二，重述。就像给出一个定义一样特意给出意思。第三，利用同义词对比。当学生遇到生词时，应多注意这个词或表达方式在下文中是如何重复的。当学生进行对比时可以看出两个词的相似性。第四，利用反义词对照。对照的运用可以提供不熟悉词的词义提示。常常在一些句子中同时出现一个生词的反义词，学生由此可以猜出此生词的意思。第五，举例。有些句子用举例来解释生词，例句可以给学生提供不熟悉词汇的词义线索或提示。第六，释义。文中有些句子是用学生熟悉的词来解释生词。同理，对于不熟悉的习语表达的意思也可以通过以上方法进行猜测，尽管有时候习语表达的意思几乎不可能猜测出来，因为习语的意思不等于每个单词意思的总和，有时仅从字面猜测还会彻底愚弄读者。

（三）关键词定句意

1. 抓住句子主干

人们阅读文章是为了获取信息，而找出句子的主要意思非常重要。为此，学生必须抓住句子的主干：第一，这个句子是关于谁（who）的或有关什么事（what）的；第二，谁（who）在做什么或在他身上发生了什么事（what）；第三，学会从主要意思中分离出不重要的细节。因为在一个句子中许多描述主语的单词仅仅是给主语增加一些细节，只有把注意力集中在句子的主要意思上，才能略过支持观点的细节而不会错过主要意思。细节很重要，但它们只是支持句子的主要意思而非句子的主要意思。因此，不管一个句子多长，句子结构多么复杂（如有多个从句的嵌套、有插入成分、有倒装语序、有虚拟语气等），只要抓住句子的主干成分，就可以获取最关键的信息。

2. 寻找句中关键词

有时候对于一篇文章的理解取决于对一些句子的理解。学生可能对这些句子会有不止一种理解，可能产生歧义，造成理解困难。通过下面有关阅读句子的练习可给学生提供一个攻克复杂句子的机会。尽管没有一个通用的公式可以套用，帮助学生达到对难句的理解，但学生可以通过下列两点得到帮助：第一，确定一个句子难在哪里，明确问题，对准目标，有的放矢，重点突破；第二，学会识别重要的、可以改变句子意思的语法和标点符号线索。

（四）主题句定段意

要理解段落，就要抓住中心思想或最主要的意思。简单地说，如果一个段落没有中心思想就不成段落，就好比果核是一个苹果的最重要部分，是苹果得以生长的中心；又好比蜡烛的烛芯，如果没有烛芯就只是一堆蜡而非蜡烛，对一个段落来说也是如此。段落中有一个句子表达中心意思，其余的句子要么解释，要么发展，要么支持这个句子。如果去掉这个句子，这个段落就失去了目的和方向，就不再是个段落。因此，中心思想就是最重要的意思，是它给予整个段落一个目的和方向。每个写得好的段落都是有目的和方向的。其目的可能是提供信息、叙述事件、进行劝说、下定义、做解释、给予指导、比较对照等；其方向通常是目的专一的，聚焦在中心思想上。下面我们将讨论如何且在何处可以找到中心意思以及整个段落是如何围绕此中心来展开的。

我们的重点是获得中心思想的阅读，并探索诸如“意义的基本单元”和“主题句”的概念。一个段落表征一个基本的意义单元，一个基本的意义单元由更小、更次要的意思或支持性细节所表达、展开或支持。段落大意通常由一个主题句来陈述。一个主题句表达一个概念，其全部的意义通过支持性的细节发展和清楚表达。通常来说，主题句出现在一段的第一句，其后跟随着其他的句子，包含支持性细节，用以解释、发展或支持主题句所表达的这些意思。但有时主题句也会出现在一段的末句，或者中间，甚至有时候并没有主题句，主要意思根本没有明确陈述出来，只是通过暗示表达。在这种段落结构中，细节或支撑句被看作一个整体，构成段落大意，这就需要阅读者去概括总结。中心思想应该告诉读者所谈论的话题，表述作者有关该话题的看法，有时候，主题句会置于段末或者段中。

（五）区分事实观点

准确地区分文章中哪些是客观事实、哪些是作者的观点是阅读理解中很重要的一种技能。所谓事实，是指作者讲述的客观上发生了的事情或真实情况。

事实通常以直接证据为基础，而作者的观点是对信仰、判断或感觉的描写。当然，观点常以事实为基础，但它们经常涉及作者对事实的个人解释。作者的这种解释和读者的解释也许相同，也许不同，有时很难将两者区分开来。作者有可能把事实和观点综合在一起，使得读者难以区分，或者有时候涉及作者对事实的个人解释。但是如果读者和作者的观点一致，此时要区分事实和作者的观点是最难的。检验是不是作者的观点看法可以通过试问的方式，也可以通过在句中寻找表达主观看法的词汇。

（六）识别特殊信息

阅读理解常有许多题目要求就某一事实或细节做出正确识别或判断。这类题目内容涉及广，通常涉及时间、地点、人物、原因、经过、结果、比较、事实等诸多方面。一般来讲，要求识别特殊信息的题目答案在文章中可直接获得，一般不需要判断或推测，这时正确答案与文章特殊信息几乎一致。因此，学生在把握文章主旨的基础上注意力应集中在特殊信息的识别上，可采取寻读方法，快速查找出特殊信息，以节约时间，有的放矢，提高效率。识别特殊信息首先要把握文章脉络，其次要寻找与题目要求相关的特殊信息，最后要检查已识别出的特殊信息是否正确并决定选项。还有另一种情况就是对特殊信息进行判断。这类题的正确答案一般不能在原文中直接找到，而是要依靠原文的相关特殊信息做出正确判断。一般来讲，这类题所要求的逻辑推理比较简单，更多的是凭借直觉和对文章的整体印象。

（七）分清主次细节

识别主题句或总结段落大意很重要，但是，大意不能告诉学生所有需要的信息。段落中的事实和细节有助于学生找到其大意，这些事实和细节勾绘出更完整的画面，或者提供例子帮助学生理解文章的意思，或者证明一个观点，或者展示该内容与其他内容的关系。如果学生阅读的目的很明确且很快就理解了所读的内容，那么也可以忽略小的、次要的细节内容。因此，当学生要找某一段落的主要细节内容时，首先要找到段落的大意。当学生找到了所有对文章中心思想产生影响效果的事实和细节内容后，就能判断出主要细节内容和次要细节内容了。

（八）推断言外之意

阅读除了需要理解文章的字面语意外，也需要通过字里行间领悟言外之意及作者的语气、态度，推测暗含的意思，这就要求读者具有一定的推理能力。通常作者不直接把他们的想法表达出来，原因是多方面的：可能这就是作者的写作风格，或者作者认为读者知道并且赞同他们的想法，或者作者在自己的表达能力上没有多大把握。运用这种技巧就意味着学生要去发现他们想要表达的意思，要“听”到作者的弦外之音，要求学生十分仔细地阅读全文，这有点像侦探工作，需要利用蛛丝马迹顺藤摸瓜，最终发现真相。但是只要读者能利用文章里的线索、常识，把各个想法联系起来，及时总结，通过猜测作者想要表达一个什么样的观点，那么学生通常会很容易把“空缺”填好，发现作者真正想要表达的意思。这种阅读技巧在进行有效阅读的过程中会起很大的作用。

随着阅读的进一步深入，要注意检查自己的理解是否正确并及时修正。读出言外之意的另外一个方面是指单词的言外之意。单词有本义和言外之意，本义是一个单词的字面意思即词典所定义的词义；而言外之意是指一个单词暗含的意思，或者是我们感觉到或考虑到的意思。阅读时要注意词语所出现的上下文语境。一般来说，学生越理解词汇的言外之意，就越能理解作者如何向读者传达自己的意图，希望读者产生何种思想和感受。

合理推论的步骤：第一，透彻理解文章，根据明示或暗示信息展开联想，追踪作者的思路；第二，分析、归纳，提出理由、事实和根据；第三，客观分析作者的立场、观点，与自己的观点作比较，避免用自己的观点取代作者的原意；第四，文章思路和言外之意相结合，揣摩确定作者的写作意图，做出合理推论；第五，由同一个已知事实可推出不止一个正确的结论。

（九）领会作者意图

阅读是读者与作品乃至作者之间的交流，因此，正确领会作者的写作意图和目的无疑是重要的。通常有三种写作目的：提供信息，即就一个主题给读者提供信息；进行劝说，即让读者相信某种观点或采取某个行动方针；供人娱乐，即以某种方式供读者消遣娱乐。有效阅读意味着识别作者的写作意图，这一点并不容易，尤其是在阅读英语篇章时。作者有时会隐瞒其意图：一篇看似基于事实的信息可能充满了意在劝说读者接受其观点的情绪感染力，或者一篇表面上严肃的劝说类文章其实是一篇意在逗人们高兴的幽默之作。作者是否严肃主要取决于每个读者自己的批评分析。但是，还是有些线索可供读者注意以帮助他们识别所读的作品到底是哪一种。第一，提供信息类文章以事实和证据为特色，而不是观点和价值观判断。这类文章经常包含日期、统计数据或其他数字或引用材料。根据主题不同，文章语言可能包括行话，但是词汇和句子结构通常比较简单。第二，进行劝说类文章以情绪感染力为特点，表达主张见解和论据的语言有时看起来好像是事实，容易使人错判，应该特别注意；反问句的运用，一种不需回答的疑问句，常为说服效果而用；评价性语言。第三，主要供人消遣的文章可以各种各样，但这类文章常用简单的句子结构、对话、双关语、比喻性的语言。

（十）确定中心思想

阅读理解应确定中心思想。中心思想是文章的纲，只有有了这个纲，才能把握文章的基调并做出正确的判断、推论及结论等。首先，阅读时要运用速读或略读方法快速浏览全文或某些关键段落，了解文章大意。其次，运用跳读的方法查找出起概括作用的主题句；运用细读的方法理解主题，把握文章精神实质。最后，如果有些文章或段落没有明确的主题句，而是用一系列事实和细节来表达中心思想，这时学生要根据文章内容或段落提供的信息和上下文关系仔细揣摩作者的意图，即透过现象看本质，领会主旨，提炼概括能力在这时起着重要作用。

三、熟悉设题形式，获取准确信息

（一）常见的设题形式

阅读理解测试是一种综合的技能测试。试题内容涉猎面广，有文化、历史、科技、风俗习惯、人物传记以及科普知识等方面。它要求学生掌握所读材料的主题思想；了解说明主题思想的细节和事实；理解字面意思，并能根据所读材料进行一定的判断和推理；理解个别句子的意义并理解上下文的逻辑关系。这一部分也因其在整个试卷中的分量之大而备受学生重视。因此，下面除介绍一些基本设题套路，也介绍一些解题方法与技巧。学生了解这些，再做一些模拟试题，从实践中自己再领悟、掌握、运用和发挥这些方法和技巧。

1. 归纳性设题

这类题旨在考查学生如何抓住文章的主要信息和关键问题，归纳段意或理解整篇文章的意思。

2. 推理性设题

此类题主要根据文章的主要信息和提示，考查学生的逻辑推理及判断能力。解题主要找与问题有关的信息词和一些提示或暗示词来进行推理和判断，有时对题的推论超越原文，考生要根据段意和常识来选择正确的答案。

3. 含蓄性设题

这样的问题需要深层次理解文章和句子，不能只看文章的字面意思，考生要认真、仔细地阅读，从字里行间领悟其意义。

4. 判断词汇能力的设题

这类题考查学生判断生词的能力。针对文章中的某一个单词或词组在文章中是什么意思进行设题，这类生词的含义一般文章中都有提示。有时可利用前后对照，比较词或反复出现的词进行猜测。此外，还可以利用一般常识和文章中的有关信息猜字悟意。

5. 分析作者的身份、写作目的及态度

学生解答这类题，应重点看文章的各段首句和最后一段。注意文章中的一些关键词，特别要细看转折词后面的内容。

6. 文章的组织及写作方法的设题

这类题需要学生有较强的阅读能力，看懂文章，边读边分析文章的写作方法，弄清段与段之间的关系。设题一般是文章写给什么样人看的，或者文章可能摘自什么报纸杂志。

7. 对文章中的长句、难句进行设题

阅读理解有时对文章中一些长难句进行设题，如一个短句，后跟几个逗号或破折号，或几个从句。这些逗号或破折号后面的句子常常是对前面短句进行说明、解释，教师要抓住短句中的主语，仔细研读。

（二）命题点分析

1. 在转折处和对比处命题

文章中出现 however、but、whereas、yet、at the same time、nevertheless、nonetheless 等表示转折意义的连词或副词时，就是考试应注意的地方，此处可能是后面考题的出处。这里需要补充说明以下三点：

（1）有以下几个词常被我们忽略，实际上它们表达的是标准的转折语气：indeed、in fact、virtually、practically、actually。

（2）still、however、though 是阅读中引起转折的最常用词，命题者最易据此命题，需倍加注意。

（3）but 和 yet 并非一出现就很重要，因为它们是欧美人说话的口头禅，如同中国人说话总带着“不过”“然而”“可是”。

以下两种情况需要警觉：

（1）带有转折意义的词出现在段首，说明该段与前一段或前几段的内容截然不同，会有重大转折。

（2）若这类词出现在某种理论或想象描述之后，则作者是要抛砖引玉，前述内容都是铺垫，作者真正强调、阐明的是其后的内容。

与此同理，文章中形成对比的地方也常常是试题出处。对比的信号词有 however、unlike、but、until、instead 等。对比的关系主要有以下两种：

（1）普通对比，如“A，unlike B”“C，in contrast to D，is...”等。

（2）时间状语对比：在一篇文章开始或一个理论刚刚提出的时候，如果出现了时间状语，则该注意。如果给了一个不早不晚的明确时间，那么和此时间之前或之后进行比较都有可能。

2. 在举例处命题

提示举例子的信号词有 as、such as、for example、for instance 等，根据例子来设计的考题题型通常为“推断题”和“细节辨认题”。

3. 根据数字（包括年代、日期、时间等）命题

一篇文章中可能会出现几个数字（包括年代、日期、时间等），每个数字对应一个内容（事件），学生在考试过程中很容易张冠李戴。因此，命题者也常根据文章中的数字设计考题。这类考题一般有如下考法：

（1）对号入座型

文章中出现几个数字（包括年代、日期、时间等），每个数字对应一个内容（事件），要求学生分清某事物对应的数字或某数字对应的内容（事件），我们可以将其称为“对号入座型”题目，属于细节辨认题。这种考法比较简单，中高级阅读理解考试题中出现得比较少。

（2）推理型

教师要求学生进行运算推理，这种类型的题目相对前一种难一点。

4. 在定义处命题

文章中有时对某一个新的、不易理解的或容易混淆的难词、概念进行解释或下定义。定义往往成为题目的出处。下定义的方式多种多样，常见的有以下四种：

（1）插入语，如 that is、is defined as 等。

（2）同位语，夹在两个逗号之间并对其前的名词进行解释的单词、短语或句子。

（3）用破折号表示解释或说明。

（4）平行结构 A and B 或 A or B。

5. 针对结论内容命题

很多文章都涉及一些调查或实验，这些调查或实验的结果、结论常常成为考点，因此，一定要注意 find、show、reveal、conclude 等动词引导的

宾语从句。此外，thus 等表示结论的词语也要加以注意。

我们可以利用上面所介绍的试题命题点作为阅读的路标，确定阅读重点，并且在做题时借助于这些路标迅速找到试题选项的出处。因此，培养对于考点的敏感性，摸索归纳出题规律，那么十有八九考题就会在预料之中。

（三）选项分析

1. 选项特点

阅读理解每道题中有四个选项，只有一个是正确答案，而其余三个选项均为干扰项。那么，这四个选项是如何设计出来的呢？通过分析不难发现，干扰项正是命题者设下的陷阱圈套，其目的恰恰是利用学生的错误联想、词义不清、理解肤浅等弱点，误导学生的判断力，使其一步步跌入陷阱，误入歧途。因此，识破题设陷阱，不被干扰项迷惑是问题的关键。那么，干扰项都用了哪些办法来误导学生呢？

（1）声东击西型

在各种干扰项中，该设题方法用得最多，即文章所论的是此内容，而题目所问的是文中出现但次要的彼内容，或者根本就是无中生有编造出来的相似内容，构成干扰项。

（2）断章取义型

命题人常常利用学生对语篇中的意义的判断失误编写干扰项，此类干扰项具有很强的欺骗性。

（3）鱼目混珠型

“鱼目混珠”是指用貌似相同的句子来代替正确的命题。命题者正是利用学生时间紧，将干扰项设计成与原文句子结构及词汇几乎一模一样的形式，从而造成歧义。这种干扰项让人防不胜防，此类干扰项带有很大的迷惑性。

（4）张冠李戴型

“张冠李戴”的含义就是将本属于某一事物的东西转嫁到另一事物上。采用此方法设计的干扰项其实也是故意颠倒信息关系的又一体现。

（5）画蛇添足型

众所周知，“画蛇添足”的含义就是“多此一举”。命题者把它用于试题中的目的也是干扰学生的判断。此类型的选项是针对文章中的一段话、某个概念或者全文进行解释说明或归纳总结（以细节题和主旨题居多），其正确答案应是解释恰如其分、归纳准确合理。而干扰项则因为添加了无用的成分而解释过多、归纳过头，或者由于省略了有用的部分而解释不够，归纳不全。总之，此类干扰项是不该加的加了上去，不该省的反而省掉了。

（6）逻辑混乱型

阅读试题中的此类干扰项比比皆是，原文的句子关系被打乱，表现形式为主次不分、因果混淆，造成理解的难度大。有时题目问的是某一问题的主要方面，而干扰项给出的是次要方面；有时提问的是原因，而干扰项则将原因和结果混淆在一起，令人左右为难，难以决定。此类干扰项多出于推论题和细节判断题中，学生必须仔细斟酌方能分清主次、明辨因果。

2. 破解选项方法

面对时间紧、题量大、文章难、选项干扰性强的重重困难，我们只有掌握正确的解题方法，排除干扰才能克敌制胜。

（1）在所有题目中，凡是选项中带有相对性词汇的，如 more、some、many、relatively、possibly、appear、similar 等，一般为正确答案；凡是带有绝对性词汇的，如 no、none、only、sole、every、absolutely、totally、never 等，通常为干扰项，应排除。

（2）应对声东击西的选项，一定要根据文中的信息正确加工、合理联想，切忌只根据常识想当然地进行主观臆断，干扰项本身可能语义与短文相符，但不一定是问题所问。

（3）应对断章取义的选项，注意此类选项通常利用的是文章中模棱两可、似是而非的信息，因此，学生对文章中这种潜在的信息要提高警惕，有意识地注意整体把握文章中心思想和逻辑结构。

（4）应对鱼目混珠型的选项，应该注意的是，如果选项的结构和用词与原文相似，要特别留意其中有无被调换的部分，因为往往是失之毫厘，谬以千里。

（5）应对画蛇添足型的选项，要注意比较选项间的差异，运用类比法和排除法，选定解释恰如其分、归纳准确合理的选项，而排除解释不够或归纳不全、解释过多或归纳过分的选项。

（四）题型分析

1. 主旨大意题

每篇文章都有一个主旨，主旨是所有段的中心。实际上，不管是否问及主旨，学生在阅读中都必须把握文章的主旨，这是做好推理题和其他细节题的基础。

要抓住主旨，必须从文章结构入手。阅读文章一般出现记叙、议论、说明三种体裁，每种体裁的叙述都有较为固定的模式，而每种模式中又携带固定的出题点。抓住结构的关键在于找到各段的主题句，各段主题句的位置一般在开头或结尾，各主题句的联结便形成全文的主旨。因此，每读完一段后要停留 3 ~ 5 秒，对该段的中心思想以及各段之间的联系稍做思考，弄清段与段之间的关系，此点对后面做题时回原文定位有很大的帮助，因此非常重要。

2. 判断是非题

这种题型主要测试学生是否对文章有精确而全面的把握。这类题较容易，它和原文的列举项相对应，学生在读原文有列举时，可快速看一眼问题中有没有 not 和 except，如有，则对该列举特别做记号。是非题型中另一部分则走了难题的极端。有些题四个选项分别来自原文的不同部分，每个选项都经过改写，要找出哪个是原文正确的改写，则必须从 A 开始，逐个回原文找相关信息进行排除。这种做法很浪费时间，但实事求是地说，这种题只能这么做。

3. 词义理解题

这类题固然要求学生要有较大的词汇量，但着重点不在于考查学生的词汇量，而在于考查学生根据上下文推测文中生词词义以及代词的指代。

4. 单句释义题

单句释义题主要考查学生能否根据文章上下文或文章主题来正确理解某一句子。

5. 推理题

推理题是阅读中难度最大的题型。推理判断题还可以细分为句子推理和篇章推理两种。句子推理是针对文章某一个具体内容的多个细节进行推理，这些内容通常在文章、段落、句子某处的涉及转折、复杂句或者内容细节处；篇章推理考查基于对语篇整体理解进行推理判断的能力，它要求根据隐藏在文章字里行间的线索推断上下文论述的主题，推理的内容与段落或整个篇章的主旨相关。

6. 观点态度题

观点态度题考查学生总结归纳文章细节，领会作者的态度观点、情感倾向，往往涉及文章的主题思想应对表示观点态度的修饰词有所了解。

7. 细节定位题

细节定位题是仔细阅读理解考查的基本考题。

（五）阅读理解实践

1. 选词填空阅读

（1）命题特点

在阅读理解的三个题型中，这一部分对语言考查的综合性较强，涉及词法、句法、上下文语境联系，要求从15个备选词中选出10个恰当的词填空。

（2）解题步骤

解题步骤具体如下。

①通读全文

通读全文是用较快的速度浏览文章，基本每行都读到，目的是把握至少90%的文章内容，知道文章主要涉及的人物、事件、时间、地点，或现象和举例，或结果和原因等。文章后面备选项词义互不关联，所以学生最好不要先看选项，以免打乱思路。

②整理选项

所给的单词一般都是考试的高频词汇，但可能有一两个词学生觉得不太熟悉，但是可以通过平时学到的词汇知识加以解决。单词的词性依靠平时的积累，大部分单词的词尾或后缀可以提示词性。需要判别词性的主要目的是将单词放置在合适的句子成分位置上。

2. 长篇阅读理解

（1）命题特点

这一部分考查学生面对大量信息时迅速找到所需信息的能力。掌握不同题材选文的篇章结构特点，在篇章的层次上判断一篇文章重要的段落在哪儿，跳过不重要的段落；在句子的层面上分清主次、哪部分重要、哪些应该略过。

（2）解题策略

①构建作者思路图

逐段阅读，搞清各个段落的目的是什么，主题和中心思想又是什么，该段落与其前面的段落是什么关系，该段落在整个文章中起什么作用。着重阅读各段的主题句，快速浏览其余部分。当“读”完这篇文章时，应能对文章的结构思路有总体的把握，在大脑中形成一个作者的思路结构图归纳总结文章大意。

②按图索骥去定位

阅读每个 statement，找出关键词、特殊词汇（如一些表示时间的年份月份数字、专有名词、同根词、同义词、反义词等），定位到相应段落；读懂题干意思，找出题目中最中心的词或者短句；将其定位到文章中具体某个段落甚至某个句子中去。有时题干是对原文某些内容的一个概括。

3. 深度阅读理解

（1）命题特点

这一部分要求学生仔细阅读两篇短文，根据文章的内容从每题四个选择项中选出一个最佳答案。学生平时应适当拓宽阅读范围，尤其在备考时浏览这类外国主流网站，或在图书馆借阅相关书籍，熟悉英语国家的表达习惯及文章的逻辑思维。在深度阅读这种占分比较大的部分，经济类文章几乎年年出现，其余的诸如教育类题材或时下热门话题，最终也会因有经济影响被提到，因此，学生不妨多接触经济、教育题材，并积累相关的词汇。阅读的题型虽然有所改变，但难度并没有上升，因为文章话题都是学生所熟悉的、当前发生的，文章语言难度也不高，没有出现很多超纲词汇。

（2）解题步骤

在答题时，不管是回答事实细节题、主旨大意题、单句释义题、正误判断题还是推理判断题，都要注意一个理解原则——符合中心思想的选项是答案，仅凭印象不可取。这里介绍两种普遍采用的步骤，学生可根据个人情况选择。

①阅读原文—理解题干—文中定位

先快速通读全文，找到各段主题句，抓住文章主旨大意和篇章层次结构，判断段与段的关系、句与句的联系；然后开始看题，比较选项差异，依照考点返回原文定位。定位时采用扫描式阅读找到相关目标内容，这种方法比较稳妥，也被大部分学生采用。

②阅读题干—原文定位

先直接去读问题，再带着考点去读原文。这样就先确定了阅读的目标信息与查找方向，与考点无关内容可以不看，可以节省时间。

但这种方法对学生各方面的要求都较高：较大词汇量不致影响理解，较大阅读量的练习积淀，已熟悉各种篇章结构和出题意图。其缺点是由于没有整体把握，不宜解答主旨大意题和关系相对复杂的推理判断题。只要把握好心态，有条不紊，就应该能够在阅读部分取得自己预期的成绩。

四、强化阅读兴趣，健康阅读心理

（一）聚焦阅读素养，优化阅读作业设计

在英语基础课程的学习中，学校应紧抓学生的核心素养，而阅读素养是其中非常重要的部分。选择阅读作业设计作为提升核心素养的切入点，主要基于以下几个方面的考虑：首先，阅读作业能够引导学生更好地掌握和运用语言技能、语言知识，并提升学生的语言能力；其次，长期以来，在英语课程中英语作业总量过大，缺乏量的控制；再次，英语作业质量不高，缺乏质的研究；最后，英语作业结构不合理，缺乏对形式和情境的设计。

在英语阅读作业设计中，学校英语阅读教学主要应从以下四个方面进行。

第一，参照核心素养。核心素养中重要的一个部分就是阅读素养，阅读素养对于英语的学习提出了更为高层次的目标，即学生在完成高中三年的英语学习后，英语水平达到国家课程标准要求，同时，阅读素养能够体现学校的培养成果，即在阅读量和阅读能力方面达到更高的水准。然而，当前现有的阅读材料和阅读课时量远不能满足更高层次的要求。因此，提升学生英语阅读量成为英语教学的重点。

第二，寻找阅读素材，建立分年级阅读作业素材库。依据核心素养的基本要求，英语教学围绕牛津教材高一至高三的教材各单元主题寻找相关阅读素材，并根据学生的阅读水平设计阅读作业，以满足不同层次的学生对于阅读素养和能力培养的要求。高一至高三分年级阅读作业素材库的建立，不

仅与所用教材的话题相匹配，更配之以与中外传统节日、文化、科技、生活、经济相关联的阅读素材，旨在培养学生自主的阅读习惯，逐步将阅读融为生活中的一部分。

第三，设计阅读作业。在阅读作业的设计策略中，主要从以下三个方面进行。

（1）阅读素材的选择：注意素材多样性，注意篇幅的合理性，注意素材的多元化、逻辑性。

（2）阅读词汇的积累：介绍词汇积累的范围和词汇积累的方法，引导学生形成自己的词汇记忆法。

（3）阅读问题的设置：帮助学生理解多元化的问题类型和层层递进的问题设置，引导学生相互设置问题并回答。

有些学校的英语阅读作业设计体现了开放、灵活、自主的特点。与传统的封闭的作业不同，分层设计的阅读作业内容更为多样化、丰富多彩，涉及英美文化的各个方面。同时，教师在选择作业时可以结合学生学习的实际情况，循序渐进、因材施教，为学生提供个性化的作业方案。学生也通过自主探究完成作业，转变学习态度，提升学习兴趣。通过教材主题所选素材编制的阅读作业，有针对性地提升了学生捕捉信息的能力、理解能力、思维能力和运用能力。这些与生活息息相关的主题也恰好能为学生提供语言作为交流工具所必需的一些基本信息。

第四，教学和评价中的整合与运用。英语学习中，阅读能力的培养是直接影响学生英语综合能力的关键。在培养策略方面，学校以往是以测试题形式考查学生是否理解一篇英语素材，缺少真正对阅读素材的引导性阅读。如今，学校用与时俱进的课外阅读素材配合创新合理的阅读作业，加强对学生课外阅读的指导性，实现学生展示自我阅读能力探索的新途径。同时，对评价体系也进行了创新。在评价机制中，引入国家课程层面和学校分年级、分层次目标的评价标准。在新的实践阶段，以重视学生积累与再创造的阅读竞赛形式取代较单一的答案唯一性的阅读测试的评价体系，设法让以学生为本的开放式阅读评价体系代替传统的命题方法。

英语作业必须给学生提供大量进行自主学习和发挥的空间以及语言实践与运用的机会。根据教学要求，当前的阅读量仅靠学习教材中的几篇文章、课堂 40 分钟的语言教学时间和一周中数量有限的几篇阅读理解是远远不够的。因此，英语作业布置不仅应体现在对课堂内容的理解和消化上，还应在扩大语言的实践运用量上有所改进，在激活学生的自主学习和探究意识上动脑筋，最大限度地创造条件来扩大高中生接触英语的范围。

（二）关切迁移体验，引领学生创演课本剧

除了打破常规的一些书面阅读作业的尝试之外，教学还可以从试点的英语戏剧拓展课程中获得灵感。立足于学校核心素养对英语学科的要求，在原有的课内、课外拓展阅读的基础上，充分挖掘教材和补充阅读，结合英语学科的特点和阅读思考的空间，优选叙事篇目，引导学生进行戏剧表演。

第一，精选叙事性强的课文作为剧本。这些课文都具有生动形象、故事情节丰富、内涵深刻、语言难度适中的特点。主要选择高一、高二两个年级为试点，是由于初中强调的是语音语调的模仿，让初中学生尽快适应高中的学习并养成良好的英语学习习惯。所以在初中课堂上、作业中，更多地侧重模仿，模仿对话，模仿真实情境中的应答等。而对于高一、高二年级的课本剧素材的选择，则侧重的是提炼、揣摩、再创作和表演，要求相较于初中有明显的提高。

第二，落实课本剧的创编与指导。戏剧本身所特有的娱乐性和趣味性是激发学生学习兴趣的主要因素之一。原来阅读教学授课方式单一，学生读完文章后对于文章的理解程度的检测仅限于读后练习检测。语言能力在语言输入后通过阅读练习的检测其实并没有得到提升，还是停留在对文本的简单理解上，并没有语言的输出过程。学生不是被动的信息接收者，通过戏剧表演参与整个学习过程，学生才能努力地实现自己的意义。在学习和创编过程中，教师利用 4 ~ 5 个课时安排学生阅读一个英语原版故事，利用一个课时指导排练，再进行一个课时的分组表演。每个学生在对文本有了更深的理解后，根据人物性格、故事发展需要重新调整剧情，编写台词。如此，学生对语言的学习已经不只是停留在文字的简单输入上，而是利用已经输入的信息在创编排练中不着痕迹地完成了一次语言输出，学习效能大大提高。

（三）建构体验运用，建立英语戏剧短课程

在课本剧的基础上，学校英语教学进一步将戏剧课、阅读课和外教课结合在一起，开发更具综合育人价值的英语戏剧短课程。已有研究指出，戏

剧编演对高中生的英语学习有着积极的影响：激发学习兴趣，变被动为主动；促进合作学习，共同进步提高；加强语言实践，提高运用能力；增加语言输入，丰富词汇积累；培养发散思维，力求锐意创新。还有研究者指出，英语戏剧表演能够有效地提升学生跨文化交际的水平。

英语戏剧表演的实践教学是一种基于构建主义教学理论的教学实践活动。英语戏剧在课堂中的使用不仅是以文字的形式为学生提供欣赏和阅读的文本，还是训练学生英语语言能力，培养学生英语交际能力，提高学生人文素养，使学生了解和感受英语国家社会与文化的有效手段。我们认为，戏剧短课程就是对这四大要素进行最好的结合。

第一，精选经典故事。英语戏剧短课程从 2012 年初尝试，到现在已经形成较为成熟的体系。英语组基于四个方面的原因选择其作为剧本。首先，这些故事流传度广，学生对故事情节比较熟悉，容易对这些故事产生共鸣。其次，这些篇目的语言难度适中，学生在表达上没有特别大的困难，便于剧本的排演。这些篇目的选择也照顾到了学生的认知能力，选择的时候由简到难。同时，这些篇目因其版本众多，可以很容易获取有关的视频和文本资料，有助于学生理解剧目。再次，这些篇目具有一定的教育意义和教育价值，不仅从语言学习的层面对学生有所帮助，从文化的层面也对学生有所启迪。最后，这些话剧排演活动调动了学生学习英语的热情，在模拟现实生活的语言情境中，给学生提供了一个语言学习和表达的机会。

第二，创编剧本。每组中学习能力强的学生与学习能力相对较弱的学生搭配，这样为了表演成功，组员们就会相互学习、相互帮助，他们会互相督促仔细阅读并熟悉每周的阅读资料。学生要对剧中角色进行分配，并自己根据情节编写剧本。编写剧本的过程其实检验了学生对阅读文本的理解，学生利用文本中的词汇和已有知识与词汇共同合作编写剧本。在剧本创作过程中，外教会适时给予帮助。这一过程给学生提供了创作的角度，鼓励学生进行开放式、探索式学习。它是一种自我选择模式的交际活动，学生的创造力与想象力在这一过程中得到激发。学生利用已有的阅读材料，通过自己学习和与他人协作，把已有的知识与新获得的知识相结合，生产、输出符合人物性格特征的对话和台词。

戏剧表演通过台词和表演来塑造人物形象，表现人物性格。舞台就是一个小社会，在英语语言环境严重缺乏的情况下，戏剧为语言提供了情境。戏剧语言——对白中的语言并不是为机械地操练某个语言点而设计的，戏剧表演也是学生语言综合能力的应用过程。剧本和对白的创编过程其实就是将已学词汇、句型结构、语法知识、文化常识有机结合的过程，是一个语言输出的真实的、完整的过程。戏剧对白语言是真正接近日常生活的、以交流为目的的语言，是对日常交流对话的浓缩，为真实生活中使用语言创造了良好的情境。

学生在语言输入之后，利用剧本的编写进行了语言的第一次输出并进行排练。在选择故事的时候，可以选择比较短小的故事，这样学生在改写剧本和排练时能有充足的时间，同时也照顾到高中生对文本的处理能力。学生通过准备道具，选择适合的配乐和使用 PPT 设置表演场景，发掘了学生的潜力和创造力，锻炼了学生的综合能力。

第六章 核心素养理念下读后续写教学策略

第一节 高中生英语读后续写的意义

一、培养学生的阅读输入意识

阅读是输入，写作是输出，只有保证足够量的输入，才有可能有正确、大量的输出。很多基础较好的学生写不出作文，就是因为阅读量太少，甚至对学过的课本文章都感到陌生，肚子里没有东西怎么写作文呢？因此，教师应该自觉培养学生的阅读输入意识，养成良好的阅读习惯。要想真正提高英语写作能力，提高整体英语水平，仅靠阅读课本是远远不够的。其实学生对一些课外阅读还是很感兴趣的，特别是跟生活息息相关的文章。现在英语写作考试的作文内容也是丰富多彩的，很多话题很新颖，有时候连教师都会感到措手不及。作为一名教师，应该鼓励学生多阅读课外书籍、报刊等，以此来拓宽视野、知识面。要想加大学生的阅读量，就要给学生创造愉悦的阅读环境。比如，可以在教室组织小图书角，摆放各种英语读物，包括适合学生的英语书籍、报刊；课前组织学生阅读每日美文一段；适当组织一些小的读书竞赛，激励学生的读书意志。

二、注重阅读输入后的写作输出

任何教学方法都不能立竿见影，需要学生的积极配合，也需要日积月累。我们应该鼓励学生在平时将阅读和写作紧密结合，而不仅仅是在课堂上。教师可以布置任务，如抄写好词好句、写读后感、缩写文章、扩写文章等，总之要让学生有输入就有输出。在英语写作教学中，教师有意识、有目的性地对学生进行阅读训练，可以逐渐培养并提高他们的写作能力。阅读和写作相结合可以最大限度地让学生利用阅读中的实质性知识、形式性知识进行写作，从而提高学生的写作能力。在日常教学活动中，教师要让学生抓住每一次写作的机会，从平时的周记到正规的考试，要多写多练。要培养学生有意识地养成积累的习惯，将平时积累的词汇或句型灵活应用到英语写作中。同时，要培养学生用英语思考的习惯，掌握各种写作题材、格式及常用句式，以不变应万变。

三、激发并培养学生的写作兴趣

兴趣是最好的教师。首先，在日常教学活动中，教师应该选择一些适合学生的写作题目，要贴近学生生活，还可以尝试让学生自己选择题目，让学生觉得有话说、容易下笔，这样学生才会积极主动地构思并产生写作的欲望。

其次，要积极鼓励学生合作学习并互评作文。有时学生看到题目会觉得束手无策，不知道写什么，很容易就放弃了，但如果让他们以小组形式进行头脑风暴式的讨论，就会激发他们的词汇信息库，想出与写作有关的各种词汇和句型。这样不仅培养了学生合作学习的意识，通过英语阅读教学强化词汇训练，还能有效提高高中英语写作教学水平，增强英语写作内容的充实度，保证英语写作的准确性。学生通过词汇的强化训练，能扩充词汇量，有了丰富的词汇量，学生就能在写作训练中避免词穷现象的产生，使文章内容充实。同时，词汇的正确表达也有助于确保写作内容的正确性，能有效避免英语写作中的错误表达，提高英语写作交际的流畅性。

再次，在英语阅读教学中强化句子结构教学，有助于提高英语写作的多样性和表达的地道性。英语阅读教学中强调对句子结构多样性的表达方式，有助于促进英语写作呈现方式的多样性，使英语写作表达更为丰富。通过多种句型的使用能有效避免英语写作中表达的单调性和重复性，使文章内容表达正确且到位，从而促进英语写作教学的有效提高。

最后，在英语阅读教学中强化语篇衔接教学，有助于英语写作表达的流畅性和层次性。通过恰当的语篇衔接能使上下衔接自然，表达流畅，也更好地体现了英语写作的逻辑性，使文章更为紧凑，结构完整、表达到位，更符合英语写作的要求，从而有效提高英语写作教学。通过阅读教学强化词汇、句子结构和语篇衔接教学，学生使用词汇的准确度有所提高，句子结构方面也发生了明显变化，作文不再是简单句的简单堆积了。学生也更加注重语篇衔接，使文章结构更加紧凑，段落衔接更加流畅，学生的写作能力有了明显提高。在英语写作中，学生更加注重词汇和语言表述的正确性，更加关注语言的流畅度，极大地增强了文章的连贯性，有效地促进了高中英语写作教学的顺利开展。

四、以读促写法能有效改善高中生对英语写作的情感态度

高中英语阅读教学对写作教学有促进作用，教师在日常教学中通过阅读教学渗透写作教学，有意识地强化阅读教学中的词汇、句子结构和语篇衔接教学，并辅以相关练习加以巩固。持之以恒就能促进学生在英语写作中词汇、句子结构和语篇衔接的正确运用，对提高学生的写作水平有积极意义。通过阅读教学促进写作教学，学生对英语写作的态度发生了积极转变，学生对写作的兴趣有所提升，有效地提高了学生的英语写作能力。学生对英语写作的情感态度也由原来的惧怕转变为兴趣极浓，英语写作信心大为增强，极大地调动了学生英语写作的积极性。

第二节 核心素养下高中英语读后续写分层教学应用策略

一、核心素养下高中英语读后续写分层教学的基本原则

（一）平等性原则

学校的教学目标是将全体学生从需要工作的人培养成工作需要的人，教学活动不能针对少数的学生，而是要面向全体学生使每位学生在原有基础上得到最大限度的提高。因此，教师在实施分层教学的过程中一定要遵循平等性原则，根据学生认知能力和情感因素实行有差别的教育。每位学生都有自己的“最近发展区”，分层教学就是在尊重差异的前提下，为每位学生提供适合其自身的教育，为他们提供不断创造自己“最近发展区”的条件。

（二）主体性原则

教师在教学活动中要树立以学生为主体的观念，教学活动要围绕学生的学来展开，学生是教学活动的实践者、参与者，是主角，而教师只是整个课堂教学活动的组织者和引导者。在实施分层教学的过程中，教师要时刻把学生放在心上，注意学生在学习过程中的情感体验，灵活调整教学计划。人的智力是多元化的，在教学组织和教学环节的设计中，教师要充分考虑学生

的多元智力因素，通过小组活动、合作学习和任务型学习等教学策略，发掘每位学生的智力特长，为他们创造展示才能的机会。

在教师的指导下，学生是认识过程中的主体，教学的整个过程都是建立在学生原有的心理信息基础之上，不是在原有信息库上的简单叠加，而是质的改变。我们必须正视学生之间的差异，以实际为出发点，积极调动学生的学习能力，让他们进行思考，培养其自我学习能力，引导其提出问题、发现问题、自我解决问题，并不断改进自我解决问题的能力，掌握较好的学习习惯，增强他们学习的动力。在学习的整个过程中，学生的主体性直接影响学习水平的高低。在小组学习的过程中，学生根据自己的学习情况适时选择伙伴，自行设立学习目标，选择最适合自己的学习方法，让学生在学习过程中以自己为主体，充分发挥自己的能力。

（三）动态性原则

万事万物都在不断变化发展。随着年龄的增长，学生的身心也在不断地成熟，因而学生的学习态度、认知能力，甚至包括所处的环境等都会发生不同的改变。所以，在实施分层教学的过程中，教师一定要考虑变化因素，体现动态性原则，将学习进步的学生及时调高层次，将那些处于原有层次但感觉吃力的学生及时调低层次，这样既考虑到学生的实际能力，又能起到激励的作用。教师在课堂教学中充分尊重学生，把学生当作平等的人，努力创造宽松、和谐的学习氛围，为学生提供发展的可能，使学生具有积极的学习欲望。教师要公正地对待每位学生，不因学生的差异而好恶。教师要认识到自己既是教育者，又是被教育者，教育对象有时可能是我们教师。

（四）发展性原则

分层教学的目的就是要使各层次学生都能得到最大限度的发展，这就要求教学活动必须以科学发展观做指导，对分层教学过程中出现的问题，教师要认真进行科学分析、查找原因、寻求对策，对任何不利于学生发展的因素都要控制在最小的影响限度之内。学生都是发展中的人，教师要用发展的眼光看待其在学习成长过程阶段中出现的失误、过错，认识到这些是学生成长过程中的必然。教师要教会学生认识、评价发生的失误、过错，进而学会调控自己的情绪、言行，提高辨别、选择的能力，不断向上发展。由于分层教学注重针对性教学及全面教学的对立统一，因此是满足当前新课改及科学发展观要求的。其带来的正面意义有：人性化教学，对象是所有学生，营造一个友好、和谐、上进的学习氛围，让每位学生充分享受到教学资源，促进知识的积累、身体素质的发展、道德及价值观的发展，培养学生德、智、体、美、劳全面发展，给他们的未来打下坚实的基础。

（五）主导性原则

在同一个班级内，不同学生的学习能力和成绩都有差异性，并且不同的班级差异程度各不相同。所以我们必须针对不同的学生和群体进行区别研究，将他们进行相应的划分，因材施教，再根据他们的实际能力进行教学。教师要时刻关注学生的学习习惯和学习动态，灵活运用教学方式，依据不同的学生群体做出相应的教学安排，让他们都能很好地适应教师和社会给予的学习环境。

（六）保底性原则

保底性原则是通过学生研究获得良好教学成果的基础。研究者 R.M. 托马斯的掌握学习原则认为，只要给予每位学生充足的学习条件，他基本上可以学会世界上任何的东西，只是达到预想目标所花费的时间不同，每位学生都应有相等的学习机会，以达到预期目标。只要世界上可以通过学习获得的知识，都可以通过学习来掌握。而所谓的保底，是指学困生要达到大纲最低水平，中等生向成绩优异的学生靠近，优异的学生可以超过大纲范围向更高的知识层面迈进。

（七）选择教学的原则

学生是有差异的，这种差异既存在于个体与个体之间，也存在于个体内部之间，每个个体在不同阶段的各个方面的素质都不是平衡发展的。在教学中要充分认识到学生的差异性，我们的目的不只是缩小差异，而是要让有差异的学生在原有的基础上有所发展。因此，对现行划一的教学要求和目标、划一的教学方法手段、划一的练习要求、划一的评价标准进行改革，以适应学生的差异性。在课堂教学中，教师要充分尊重学生，把学生当作平等的人，努力创造宽松、和谐的学习氛围，为学生提供发展的可能，使学生具有积极的学习欲望。

二、核心素养下高中英语读后续写分层教学的设计

（一）分层的标准

现在的分层教学形式主要有班内隐性分层、班内显性分层、走班制及班际分层四种主要模式。分层的形式多种多样，对于每一种形式应分别根据哪些标准来划分层次才是最合理的？这是我们进行分层教学首先要明确的第一步。近年来，大量研究表明，学生的学习活动是智力因素和非智力因素综合作用的结果，学生的学习成绩不仅与智力水平有密切的关系，与非智力因素，如学习态度、学习兴趣、学习风格、学习习惯等，也有很大关系。因此，在实施分层时，一方面，教师主要依据学生的学习成绩进行层次的划分；另一方面，在依据成绩的基础上，教师要兼顾学生非智力因素的影响，对分层进行动态观察和调整。

（二）分层前的准备

根据学校实际，本章采用的分层模式是班内显性分层，即分层是在班级内部进行的，学生所在层次是公开的。一方面，在分层之前通过发放问卷、座谈及召开家长会等形式向学生和家长介绍分层教学的优点及操作方法，充分听取学生和家长的意见，做到人人了解、人人关心；另一方面，让学生根据自身情况自主选择适合的学习层次，教师在学生自主选择的基础上根据学生现有的成绩以及学习习惯、学习兴趣、意志品质等，确定每位学生所在的层次。

（三）目标分层

在课堂教学中，每节课的教学目标也应该根据学生的能力因层而异。例如，A 层学生既要掌握语言知识，又要具备语言的运用能力，会用所学语言提出问题、表达观点、发表评论和对话等；B 层学生主要掌握本课中的语言点，能理解课文内容，回答有关课文的问题，能正确拼读生词并能较流利地朗读课文；C 层学生要掌握基本的语言点，能拼读大部分单词、能基本读通全文、能回答浅显的问题。

（四）任务分层

1. 任务内容分层

在课堂教学过程中，各层次学生的学习任务内容也应有所区别。例如，在学习生词阶段，A 层学生要尝试用英语解释生词，能用自己的话造句；B

层学生要会正确拼读生词，能理解单词的中文意思，并能翻译含有该生词的句子；C 层学生只要求会拼读生词，知道其中文意思即可。在对话阶段，A 层学生不仅要流利地朗读对话，还应能模仿书中对话编造新的对话；B 层学生要能了解对话的意思，能较流利地朗读对话；C 层学生要求理解对话内容、基本能通读对话。在学习阅读课文时，A 层学生要能快速阅读课文，并提出相关问题，能理解作者的写作意图和文章的写作思路；B 层学生要能读懂课文大意，能找到有关细节问题的答案；C 层学生要能大致理解课文内容，能回答浅显的问题，能找到明显的有关细节的信息。

2. 任务角色分层

在小组合作学习过程中，A 层学生应作为小组的领导，负责组织和引导本小组的活动，B 层学生具体执行，C 层学生起辅助和配合作用。例如，在进行调查活动时，A 层学生要负责拟定调查的内容，B 层学生根据拟定的调查内容实施调查活动，C 层学生帮助整理调查的结果，最后由 A 层学生汇报调查的结果，并进行适当的分析和评论。又如，在编对话时，A 层学生要负责编写对话内容，B 层学生按照编写内容自行练习，C 层学生在 A 层学生的帮助下练习，最后呈现较完整的对话。

（五）教学分层

1. 教学策略分层

由于学生学习成绩的差异，在课堂教学中，教师应根据学生所在层次采取灵活多样的教学策略。例如，在操练阶段，教师让 A 层学生自由组成学习小组，在掌握课本内容的基础上做到学以致用，即采用大胆放手的策略；对 B 层学生，教师要明确要求并对操练的内容给予一些提示，在较好地掌握课本内容的基础上能完成有一定控制性的练习，即采用半控半放的策略；C 层学生由于基础较差，能在他人的帮助下进行机械练习，从而掌握课本内容，即采用帮扶的策略。

2. 教学组织分层

不同层次的学生不仅在学习成绩上存在差异，在学习习惯、学习态度及课堂行为上都有很大差异。在课堂教学的组织上，教师也要考虑这些差异，有针对性地组织教学。A 层学生自控力强，上课易集中精力，教师在教学过程中要时常给予目光注视和恰当的语言激励；对待 B 层学生，要鼓励、督促并重；C 层学生基础较差，上课容易注意力不集中，甚至有意扰乱课堂秩序，需要教师对他们有足够的耐心，及时提醒和制止他们的不良行为，对待他们的任何进步都要给予特别的表扬，尽量放大他们的优点，从情感上引导他们把注意力集中到教学活动上来。

（六）辅导分层

1. 课内辅导分层

在学习过程中，学生遇到困难是不可避免的，需要教师给予及时的帮助和指导，但对不同层次的学生辅导应有所不同。鼓励 A 层学生自己发现问题、分析问题并解决问题；B 层学生一般不善于主动发现问题、提出问题，但对别人提出的问题，大部分还是能够找到答案，教师可帮助他们弄清题目的意思，提示他们答案所在的位置；C 层学生基础较差，教师要花更多的时间在他们身上，鼓励他们说出自己不懂的地方，再给予个别辅导。

2. 课外辅导分层

对于 A 层学生来说，完成课内学习任务还远远不够，教师可利用课余时间指导他们阅读一些内容浅显的中英文对照的翻译读物，扩大他们的词汇量，提高阅读、写作能力，还可增加一些专业性较强的文章和词汇，提高他们的专业素养；对于 B 层学生来说，教师要求他们在课外时间整理笔记，消化课内所学内容，并鼓励他们不懂就问。另外，教师可以给他们补充一些日常会话知识，鼓励他们每周准备一个对话，提高他们的英语交际能力；对于 C 层学生来说，教师则要帮助和督促他们完成课内的基本内容，并能独立完成相应的作业。

（七）评价分层

1. 言语评价分层

在教学过程中，教师的课堂言语评价会直接影响学生的学习积极性和学习效果，但面对不同层次的学生，教师的言语评价也要有针对性。对于 A 层学生，适合用竞争性评价，坚持严要求、高标准，不轻易用“很好”“你真棒”等词；对于 B 层和 C 层的学生，则多以鼓励为主，哪怕是一丁点儿的进步教师也要立即给予赞美。

2. 作文成绩评价分层

我们既然承认学生在学习能力、学习态度、学习方法及其他非智力因素等方面的差异，如果再用同一把尺子去衡量处于不同层次的学生，这既不科学，也不利于学生的发展。因此，要科学评价学生的考试成绩，不能用考试成绩作为评价学生的唯一标准。

三、核心素养下高中英语读后续写分层教学的应用策略

分层教学在高中英语读后续写课教学中的应用，不仅丰富并细化了人们对因材施教的认识，还为因材施教的具体实施提供了操作方向。因此，通过整体把控学生分层，明晰教学目标分层，活化授课过程分层为隐性分层教学在读后续写课教学的实施提供重要路径。

（一）全面把控学生，掌握实施分层教学的一手资料

对学生进行科学分层是在读后续写课教学中开展隐性分层教学的先决条件，它既为教师的教学定向，又为学生的学习定法。这不仅彰显了新课程改革中以学生发展为本的理念，还遵循了高中生身心发展不平衡的规律。一旦教师分层不当或者欠缺针对性，将直接影响读后续写课教学的质量和效果。英语教师应深入了解和研究学生，对学生各方面的情况进行全面把控，掌握实施分层教学的一手资料。只有了解每位学生的情况，了解学生之间的差异，才能有针对性地对其进行分层教学、分类指导。

首先，教师不能简单草率地按照学生的成绩划分层次，而是应该在新学期伊始，依据多元智能理论并通过平时观察、与学生交谈、发放调查问卷、咨询家长同学、家访等渠道，对学生日常生活、学习基础、学习主题的情感和态度、学习的兴趣、认识上的困惑、学习行为等各方面的差异进行了解并登记在册，把学生隐性分成 A 层（优秀层）、B 层（提高层）、C 层（基础层）三个层次，找准各层次学生的兴趣点、问题点、障碍点、需求点。相对于传统单纯按成绩划分的好、中、差的分层，优秀层、提高层和基础层的划分更加细化、合理。其中，A 层学生读后续写的基础知识扎实、理解能力强、接受知识快，对读后续写课兴趣浓厚，是课堂上的积极分子，但也有自身的不足。B 层学生有一定读后续写的知识储备，对读后续写课兴趣一般、学习能力一般、在课堂上表现一般，但有进步的空间。C 层学生读后续写的基础知识不牢固、学习兴趣不高、自觉性差，不善于在课堂上表现自己或者喜欢捣乱，但也有自己的亮点。

其次，对学生采取“同质异组，异质分组”的教学方式。异质分组即

教师要了解学生需要什么，由此进行弹性分组教学，在每一个小组中安排不同层次的学生。长期实践表明，异质分组比同质分组对学生的个体差异、学生之间的相互协作更有利。不同层次的学生集中起来更能激发斗志，大家互相取长补短，不仅可以增进学生之间的友谊，而且可以促进构筑和谐友善的班集体。例如，每个小组分配两名 A 层学生，B 层、C 层学生各三名。在共同学习中，A 层学生可以发挥自身优势带动 B 层的学生提升，C 层学生可以在 A 层和 B 层学生的影响下展示自身独特的魅力，从而为 A 层和 B 层学生的进一步提升提供空间。

最后，教师根据学生的学习计划、学习目标，从学情出发，准确把握每位学生的学习基础，从而为每位学生量身定制适合的教学方案。这样不仅有利于把控教学进度、有序进行教学，而且有利于英语教师对不同层次的学生有针对性地开展隐性分层教学。

（二）根据具体情况，随时精心调整学生的分层情况

现代学生观认为，学生是具有主观能动性的人。因此，要用发展的观点认识学生，对学生进行隐性分层。这种学生分层不是对学生进行定性的教学评价，而是为教师对学生实施有针对性的教学奠定基础。由于分层结果对学生是隐蔽的，英语教师可根据学生的具体情况，随时调整学生的分层。这样的分层是动态平衡的，层次可调节、可流动，更具弹性。例如，英语教师可根据学生的学习情况与近期表现，对学生的层次进行调整，即隐性划分、动态分层、及时调整。这样的分层不仅保护了学生的隐私和自尊，激发了学生不断向上的求知欲望，还提升了学生学习读后续写的兴趣与信心，契合了教育公平的初衷和目的，使读后续写教学达到春风化雨、润物无声的良好效果。学生在了解自己的兴趣、自身学习情况、自己的学习目标的基础上，与不同层次的学生在同一个小组学习，这样有利于学生暗中较量、奋发图强，逐步提高自己的层次。

不定期、及时地根据学生的实际情况，对学生的层次进行调整，则有利于更好地巩固隐性分层教学的教学成效。比如，一个阶段的教学活动后，A 层学生退步了，教师可以根据其具体标准，调整成 B 层，再结合其自身实际制定有效的教学策略，促使其再回归 A 层。反之，如果 B 层、C 层的学生各方面取得一定进步，可调至 A 层并实施有效的鼓励措施，督促其再

接再厉。隐性分层教学为这个群体的学生提供了一层保护膜，呵护了他们幼小脆弱的心灵。这种弹性的学生分层层次避免了教师只关注佼佼者的倾向，激发了学生的学习动力，从而有利于实现高效教学。

（三）依据课程标准，厘清统一的读后续写教学目标

课程标准是开展教学活动的重要依据，是有关读后续写教学内容的指导性文件；教学目标则是课程标准的进一步体现。为了满足不同层次学生知识结构的需要，教师应依据课程标准，厘清各层次统一的教学目标。对教学目标分层是为了让学生更好地明确他们需要做什么，从而使英语教师进行有层次的递进式教学。为此，教学目标的设置要遵循“最近发展区”的理论，教学目标可分为三个层次：一是课程目标，二是课堂教学目标，三是教育成才目标，这体现了教学的最终目标。新课程倡导的教学目标有三个维度：一是知识与技能目标；二是过程与方法目标；三是情感、态度与价值观目标。这三个维度相辅相成，不仅为英语教师教学活动的顺利开展指明方向，而且有助于提升整堂课的实效性。

（四）遵循同步异标，设计不同层次的教学目标

读后续写是一种引导学生正确认识自我、认识他人的方法。但学生本身是千差万别的，英语教师应根据教材内容、学生水平层次为学生设置不同的教学目标。教学目标是读后续写高效课堂教学的前提与基础，没有明确的教学目标分层，就没有高效的课堂教学。一个班的学生学习能力、学习基础等参差不齐，整齐划一的教学目标可能导致某些学生出现知识断层的现象，进而阻碍学生的发展。为此，英语教师需从教学目标的设定入手，依据国家和地方的课程标准以及结合学校培养学生的总体目标和读后续写的教学目标，针对各层次学生的具体情况，考虑各层次学生在现阶段所能达到的程度，制定适合不同层次学生的教学目标。教师可通过目标鼓励，激励学生逐层上行流动，逐步增加 A 层和 B 层学生的数量，缩减 C 层学生的数量。一个人追求的目标越高，他的才能就发展得越快。

在英语读后续写教学中，学生层次差异无疑是一种教学资源，教师通过设定不同的教学目标来激发学生的学习动机是一种有效的教学策略。

（五）结合学生实际，适当增减课堂的授课内容

授课过程分层，即英语教师在课堂中根据学生分层、教学目标分层有

针对性地对不同层次的学生进行教学，从而调动学生的参与积极性，促使读后续写教学达到高效、和谐的良好境界。教师从读后续写教学实践中发现，授课内容的展开应遵循由易到难、由浅入深的规律；问题设计应做到由易到难、由简到繁。因此，在教学过程中，教师需要根据学生的分层，适度增减教学内容。教师可以先提问 A 层学生，因为 A 层学生的回答对 B 层与 C 层学生来说有启发和示范作用，为他们提供思考的方向。由此，对于 A 层学生，教师可拓展教学、统筹整合，在课堂上增补一些其他教材上的相关教学内容，拓展学生的知识深度，帮助学生建立完备的知识体系；对于 B 层学生，教师可强化基础，适度提升，在课堂上着力强化教材内容，以巩固学生的知识积累，帮助学生形成牢固的知识体系；对于 C 层学生，教师可激发其兴趣，强化基础，在课堂上适度删减教材内容，以降低学习难度，帮助学生理解读后续写的知识体系。

此外，在授课过程中，英语教师应由学生分层、教学目标分层为基础对教学重点和难点进行分层解读，对不同层次的学生列举难度系数不同的事例，使每位学生都参与到课堂教学中来，进而在课堂上展现自我。每节课只有 45 分钟，课堂容量与学生吸收量密切相关。因此，英语教师可依托课程标准与教学目标的要求，根据学生的实际情况整合教材资源，把握教材重点与难点，安排好教学顺序，从而高效完成教学计划。

（六）依托师生实际，认真选取适宜的教学方法

方法是过河的桥、渡河的船。“一刀切”的教学方法不利于学生差异性的发展，唯有依托教师的教学能力和学生的实际情况，认真选取合适的教学方法，才能推进学生差异性的发展。由此，教师需围绕不同层次学生的差异创设情境，注重学生的实际体验，为学生营造良好的课堂感受。具体而言，A 层学生总体上成绩优秀且表现突出，接受新知识速度快、思维活跃、表现欲望强。如果教师仅仅按照教材的内容和要求进行教学，就会导致 A 层学生出现“知识饥饿”的现象。教师可更多地扮演引导者、启迪者、点拨者的角色，采取以学定教的教学方式，引导这类学生自主探究，在探究过程中拓展知识的广度与深度。B 层学生的学习能力和学习水平是介于 A 层和 C 层学生之间的中间群体，这个群体人数最多，但他们是发展潜力最大的一个群体。一旦英语教师挖掘到位，B 层学生便会突飞猛进，进步神速。C 层学生

好动、好玩，注意力差。这类学生不仅容易被忽视，而且容易否定自己。因此，教师应在课堂上多给予鼓励、给予赏识，重塑他们的信心。通过日常观察表明，对C层学生可采用以教定学的方式，即在课堂初始就紧扣学生的注意力，设计各种贴近学生、贴近生活实际、贴近教材的活动，以此消除学生的学习恐惧。同时，可创设情境，让这类学生进行角色扮演，激发他们的学习兴趣，帮助他们找到起步点，跨过困难点，发掘其兴奋点、闪光点。

此外，英语教师可在课堂教学中采取显隐结合的教学方式，对学生进行显性分组、隐性分层，即每位小组安排不同层次的学生配合，这些小组是组内异质、组间同质。分组是显而易见的、外在的，分层是隐蔽的、内在的，教师根据实际教学情况随时调整，从而使每位学生都有机会展现自己，做到生生互动、师生互动，进而实现共同进步。

（七）紧扣教学目标，精心选择有梯度的作文练习题

写作习题是检验学生知识掌握程度的重要标尺。唯有与教学目标相贴近，选择有层次、有梯度、有弹性的练习题，才能对学生的学习成效进行巩固与预估。练习题是显性的，而过程是隐性的。换言之，不能公开为不同层次的学生布置练习题，如果单独为A层学生布置有挑战性的题目，为B层学生布置中等难度的题目，为C层学生布置简单的题目，这样的布置方式与显性分层无异，达不到隐性分层的效果。为此，英语教师应在一份试卷中体现难、中、易三个梯度的练习。第一梯度为综合题或探究题，比较有难度，适合A层学生；第二梯度为辨析题或简答题，适合B层学生；第三梯度为识记题或基础题，以C层学生能达到的水平为参照。同时，将习题从易到难设置，分为“必做题”和“选做题”两个部分，必做题可选取容易、中等难度的题目，选做题可选取高难度的题目，但不明确指出哪些学生必须做哪些题，让不同层次的学生根据他们自己的能力自主选择。

除此之外，学生做题速度也是有差异的。其中，C层学生基础较薄弱，做题速度一般较慢。为此，只要他们完成第一梯度的习题就应该给予他们肯定与鼓励，挖掘其闪光点，鼓励其继续挑战下一题，刺激他们学习的兴奋点。大部分学生做完第一梯度的习题后，时间还很充足，可以继续做第二梯度的习题；A层学生知识储备多，思维敏捷、动作迅速，在完成前两梯度的习题后，可继续做第三梯度的习题。这样的练习设计不但考虑到学生思维速度的

差异，而且考虑到学生层次速度的差异，使各层次的学生都能学有所用，收获成功的体验，激发各层次学生的最大潜能。

（八）结合学生差异，严格实施分层考核与评价

1. 教师层面

考核与评价体现在日常教学行为中是教学活动不可分割的重要组成内容。评价是依据教学目标、授课内容对学生学习效果的检验。教师不能让分数成为束缚学生思想的枷锁，即使最差的学生，看起来最没有指望、思维迟钝的学生，也不能因为分数让他们失去学习的兴趣。总而言之，不能把学习归结为一个简单的定论：分数好，学生就好；分数不达标，就等于学生没有达到水平。由此，面对思维、性格、身心发展速度迥然的学生，我们不能用同一种标准去评价他们。评价应以发展性评价为主，尤其是对高中生的考核与评价，应该是基于学生的差异并具有发展性的，对不同层次学生的考核应当有所不同。A 层学生接受能力较强，应重在拓展延伸，提高他们的能力；B 层学生在学习上较为自觉，应重在训练思维，激励他们逐级而上，寻求更高的发展；C 层学生在学习上较为被动，应重在夯实基础，培养他们学习的兴趣与热情，提高学习的能力。因此，考核评价应当隐性进行，具体可分为主观评价与客观评价两种。其中，主观评价占总考核成绩的三成，客观评价占总考核成绩的七成。具体来说，客观隐性分层评价是指期中、期末考试，考试虽然采用同一张试卷，但需用不同标准评价学生。试题可分三个阶梯层次：基础知识题目占 50%，中等难度题目占 30%，难题题目占 20%。

基础知识题目注重基础，难度低，有利于 C 层学生收获成就感，增进他们的自信心；中等难度题目在于考查学生的综合能力，有利于 B 层学生的水平；难题题目难度较大，给 A 层学生冲击，让他们感到“英雄有用武之地”。同时，评价方式需多元化，教师不能只采用定量评价方式，应在评价内容上采取定量评价与定性评价相结合；在评价方式上采取诊断性评价与形成性评价相结合；在评价主体上采取自评与他评相结合。

此外，评价机制须隐性分层，教师要对不同层次的学生给予激励，使他们不断超越自我。对于 A 层学生，教师要用较高的标准来评价他们，表扬要适当，要让他们时刻保持谦虚和严谨的态度；对于 B 层学生，教师要让他们看到自己的长处与短处，表扬他们优点的同时应指出他们的不足，激

发他们更上一层楼的想法；对于C层学生，教师不能打压他们，而是要发现他们的闪光点，及时肯定他们一点一滴的进步，以此提升他们的自信心。另外，教师在日常教学活动中进行的观察记录，作为一种形成性分层评价不容忽视。具体而言，教师通过观察学生的日常表现、课堂表现、小测验、作业完成情况、学习态度、学习效果等，将这些制作成学生成长记录表，为学生成长建立档案袋。然后，通过一个阶段的教学活动和考核评价后，教师可及时依据新情况、新变化调整教学策略，从而保证隐性分层教学在读后续写教学中的可持续性发展。

2. 学生层面

（1）参与态度分层

一位教育家曾指出，教育者单方面对受教育者进行灌输的教学不是成功的教学。成功的教学是在潜移默化的教学中拨动学生的心弦，启迪学生求新知的欲望。由此可见，学生的学习态度与教学的实效性有着千丝万缕的关系。学生的参与态度包括参与广度和深度，即各层次学生都能积极参与到读后续写教学的每一个环节中，并能通过有关教学活动解决一些有难度的深层次问题。随着大数据时代的到来，传统教学模式受到冲击，部分学生习惯了传统灌输式的教学形式过分依赖教师，学习上没有独立自主意识，对新的教学方式参与度不高。因此，英语教师可对学生参与态度进行分层，制定一份学生参与态度测评表，以提高学生参与的积极性，从而提高教学成效。比如，C层学生的学习态度由原来的被动转变为主动，学习成绩比原来的名次前进几名甚至更多。教师以此为基础，可将其递进成B层次并持续关注。对于成绩下降、学习热情减退的学生，教师应及时进行干预与指导，即教师不改变其原有层次，并用原有层次的标准激励学生，找出原因，避免学生出现继续下滑的情况。

（2）学习过程分层

学习过程不仅是教学活动不可忽视的载体，还是提升教学质量的助推剂。教师可根据不同层次的学生制订不同的学习计划和预期目标。学习过程是一个将知识、方法、价值观外化于行，内化于心的生成过程，教学是一个学生与教师双向互动的过程。学生的学习过程可分为课堂表现、平时小测验、单元测验、阶段考试、作业完成情况等。教师需在学习过程中对各层次学生进行分层，教师对A层学生的标准与要求应比B层、C层的学生更高。由此，教师可以在学生群体中创建学习共同体，让各层次的学生在学习过程中相互学习、相互合作、相互竞争，从而形成一种互帮互助的好习惯，进而促进学生全面而健康地发展。

（3）学习效果分层

学习效果是指学生在规定时间内通过学习获得的收益。因此，学生的学习效果不能只用学习成绩作为评价判断学生的唯一衡量方式。学生的学习效果可从知识与技能、过程与方法、情感态度与价值观三个方面进行分层考查。对于A层学生，可以为其学习效果增量；对C层学生，学习效果减量；B层学生学习效果介于A层与C层之间，可以多维建构学生的知识，诱发学生内在学习动机。比如，教师在授课时可将课堂显性和隐性分层，课前由学生收集材料，课上教师创设情境，异质合作并组内交流、组间交流，然后请各层次学生展示他们的思维过程，完成讨论内容，最后进行学习效果的测评。

第三节 核心素养下高中英语读后续写合作教学应用策略

一、积极培养合作技能

在英语课堂的合作学习中，学生的合作技能是否发挥，发挥得是否充分，对合作学习任务的完成以及合作学习开展的效果至关重要。合作技能包括对自己或他人的积极的态度，提出问题、解决问题的能力，支持或反驳他人意见和想法的能力，对他人观点的复述、总结和概括。首先，在进行合作学习的教学之前，教师就应该让学生充分认识到，掌握一定的合作技能能够使学生自己的学习气氛变得轻松和谐，能够有利于小组合作学习时处理好同学之间的人际关系；要让学生明白，处理好与他人合作、交流的关系，是学习和积累一种合作技能，不仅有利于提高学习效率，促进合作学习的顺利开展，而且对以后成长中的学习和工作有一定的作用。其次，在合作学习的过程中，教师要适时地对学生进行指导。比如，教师需要让学生学会倾听，在小组学生发言时就可以提醒其他学生：“别人在表达自己想法的时候，其他同学要仔细听，在听的过程中找出自己认为同意的方面，也找出自己不同意的方面。”最后，合作技能的培养和发挥不是一蹴而就的。在合作学习过程中，教师要说明需要不断改进的地方，也要指出学生可以采取的方法，把这些信息反馈给学生，点拨和指导学生充分发挥其合作技能。

二、精心设计讨论问题

在英语课堂的合作学习教学中，最常见的方式就是学生进行合作分组，围绕教师提出的问题进行讨论，学生在分工与协作中解决问题，并且得到一定的发展与成长。因此，教师在设计合作小组讨论的具体问题时，必须思考问题的适合度。首先，提出的问题能够引发学生的兴趣。兴趣是最好的教师，如果教师提出问题时充分考虑学生的生活，所提出的话题与学生的实际生活密切相关，能够引起学生的感情共鸣，学生自然感兴趣，并且愿意进行合作讨论。其次，提出的问题要开放。开放性的问题没有固定的答案，每一种答案都能用不同的方式表达出来，开放性的问题往往能够激发出学生讨论的热情，并且有利于培养学生的思维能力和创新能力。最后，提出的问题要有难有易，难度适中。在合作学习的异质分组内，由于小组中成员的学习能力和学业水平不同，要充分关注学生不同的接受能力。一方面，如果问题太简单，学生合作讨论得深度不够，无法思考更加深层次的问题，也不能更好地培养学生的合作能力；另一方面，如果问题太难，小组合作也无法很好地解决问题，学生进行合作学习的积极性便会被削弱。教师所设计问题的难度要相对适合，并且还要有一定的启发性，让学生通过合作学习、分组讨论，既能够顺利解决问题，又能够进行更深的思考。

三、加强学习过程监控

在英语课堂的合作学习中，虽然英语教师的角色是指导者，但这并不意味着英语教师就不能参与到学生的合作学习之中。教师可以通过观察和巡视，在一旁适时地指导、监控和协调，保证学生合作学习的正常开展。首先，教师要及时纠正学生的错误。在合作学习的过程中，学生难免会出现这样或那样的小错误，如因为词性的混乱导致的词汇使用错误、因为句式的成分不明导致的错误、由于汉语的影响导致的表达不通顺等，同时也有学习方法上的错误存在。在巡视的过程中，教师要注意观察学生小组学习的情况，及时发现小组讨论中的错误，并且进行纠正和指导，及时把小组的讨论引入正确的轨道上来。

其次，在学生进行合作讨论时，往往会出现另一个组讨论的声音太大，有时会影响其他小组的合作学习，影响学生之间的交流，有时这种声音过大的讨论会“传染”到其他小组，造成整个班级乱哄哄的局面。因此，当有小组成员讨论声音太大的时候，教师要果断进行干预，提醒学生讨论时尽量控制声音，也可以示意班级安静，调整好合作学习的秩序。

再次，教师要积极鼓励学生发言讨论。在合作学习进行的过程中，偶尔会出现小组内基本没人发言的冷场情况，这种情况一般是小组内部没有适当组织或没有充分准备所造成的。遇到这种情况，教师要注意小组对英语材料的准备，适当补充一些相关的英语材料，并且鼓励小组成员大胆发言、大胆讨论，同时进行一些合作技能的指导。

最后，教师要注意协调好班级同学间的人际关系，避免冲突。在合作学习中，既可能因为分工不合理或讨论意见不合而造成小组内部的冲突，也可能因为不同小组的观点不同等而造成小组之间的冲突。针对冲突产生的不同类型和不同缘由，教师要及时进行不同的指导和介入，采取必要的措施。比如，通过对小组成员角色和任务的明确来避免小组内学生的不合理分工，通过对小组内不良情绪和争吵的疏导，指导学生用良好的心态学会倾听和表达，化解小组内的矛盾；也可以明确小组之间表达观点的秩序，减少小组之间的误会和冲突，维护整个班级的团结与和谐。

四、运用恰当提问策略

在小组合作学习讨论期间以及讨论结束以后，教师需要检查小组合作讨论的过程以及小组合作学习的效果，这时就需要教师恰当地提问。

首先，问题要具有一定的针对性。小组成员在小组合作学习中所担任的角色不同，承担的任务也不相同，教师的提问要针对小组成员所担任的角色和承担的任务进行提问，通过让学生回答问题，掌握小组合作学习的情况，充分展示出小组合作学习的成果。

其次，提出问题之后需要给学生一些思考的时间。在合作学习中，教师提出的问题一般具有开放性，不是直接从书本上可以找到的，这就需要学生对问题进行理解，对知识进行梳理，通过一定的思考才能得出答案。因此，教师提问后不能急于得到答案，而应该稍做等待，有时也可以对学生进行一些启发和鼓励。

最后，要适当进行评价。学生对教师提出的问题做出回答之后，需要教师积极地进行评价，但是教师的评价不能是一概而论的，不能泛泛地简单表扬。教师应该在学生回答时就仔细听，找出学生答案中的亮点，具体指出学生回答的与众不同的地方，既可以使学生能够清晰地认识自己的答案，也有利于其他学生对其回答的理解。当然，对于学生回答中的错误之处，教师应该及时予以纠正。

五、合理组织展示交流

教师要检查小组合作学习任务的具体完成情况，要检查合作学习的成效，都需要组织合作小组来展示他们的学习成果，这是对合作学习的总结和汇报。

首先，合作学习成果的展示要尽可能全面。在合作学习中，学生既完成了学习任务，又得到了一定成长，在对合作学习成果的展示中，教师既要组织学生展示出他们所解决的问题，以及他们解决这些问题所运用的方法，又要鼓励学生展示出他们在合作学习中所获得的情感体验，以及他们的心理收获。也就是说，合作学习成果的展示，既包含智力因素方面的学术成果，也包含非智力因素方面的合作技能。

其次，合作学习成果的展示不拘一格。既然合作学习的成果有很多方面，那么展示这些成果的方式也可以不同。学生既可以用口头汇报的方式，直接说出他们在小组合作学习中解决的问题、遇到的困难、讨论的过程、体验的收获、合作技能的提高以及总结的经验和教训，也可以通过一些实物，如图片、视频、英语调查问卷或英文采访报告等，直接展示出他们合作学习的成果；合作学习的成果当然也可以通过英语舞台剧等表演的方式，生动有趣地表现出来。

最后，由于合作学习采用的是异质分组的方法，各个小组独立学习，独立讨论。但是在小组合作学习进行的末期，小组成员展示合作学习的成果时，需要组织小组之间加强交流，让小组之间互评，既可以对其他小组进行疑问，提出问题，也可以提出新的思路和方法。这样不仅能够让学生在互相交流中相互学习与借鉴，而且有利于教师对整个班级合作学习情况的把握，有利于对英语课堂合作学习的合理评价。

六、创建良好的合作学习环境

良好的教育环境与教学质量和人的发展有密切的关系，良好的外部合作学习环境是顺利实现小组合作学习优势的物质保证，它能使学生以一种更加轻松、愉悦的精神面貌和相对安全、自由的心理状态参与合作学习，积极发挥自己的能动作用。教室是学生学习、交往的主要场所，团队是小组获胜的主要组织形式，安全、关爱、自由的合作氛围是学生获得自尊和归属感的精神食粮和内在需求，教师可以围绕以下三个方面来创建合作学习环境。

（一）让教室成为合作成品展示的舞台

英语不是我们的母语，大部分学生学习英语、接触英语的时间都集中在英语课堂上。相对于其他科目，学习英语的时间是短暂、有限的，小组一起合作学习英语的时间就更少了。英语教师应当充分利用教室这个物理空间，让合作小组利用课余时间把教室布置成一个展示他们合作成果的舞台。学生每天坐在教室学习，随时随地都能看到小组的作品，谈论它的优点与不足，无形中体验着合作带来的愉悦。有了这种长期的、耳濡目染的熏陶，学生很快就能增强他们的合作意识，接受合作学习并乐于展示合作作品。

（二）发挥小组的团队合作精神

合作小组就是一个团队，他们不但是围坐在一起进行合作活动，而且是为了共同的利益、共同的目标、共同的合作任务，形成一股较强的团队凝聚力和团队合作精神，发挥团队的优势，形成有效的小组合作学习。

首先，促进团队成员之间的了解。每个人在人际互动时，越是在熟悉的人面前，越愿意交流自己的思想，英语小组合作活动更是充满了人际互动与交往。在组建合作小组时，教师就可以采用小组访谈法让组员之间相互了解、熟悉，即同伴之间在规定的时间内相互提问、相互回答，使他们形成整体的初步印象。

其次，理解和接纳团队成员的差异。每位学生都是一个独立的个体，他们在异质分组时也存在显而易见的差异。为了避免小组合作时产生过多的摩擦和矛盾，使合作活动顺利进行，培养团队求同存异、和平共处的思想尤为重要。每位学生以开放、包容的心态走进合作，理解和接受自己和他人的长处与短处，无须做多元的比较。

最后，认识和相信团队的力量。虽然团队是由一个个学生组建而成，但是团队的集体力量却远超个体力量，它能完成个体完成不了的任务，团队的进步也能促进个体的进步和发展。

（三）加强学生的安全心理建设

学生是小组合作学习的主体，只有当他们在合作活动中感受到心理是安全的、自由的，他们才会对合作学习产生浓厚的兴趣并投入合作中。学生的安全心理是指学生在合作中能放松自己的心情，敢于在合作中与同伴畅所欲言地交流，即使自己不会或者表达错误也没有关系，同样可以获得同伴的尊重与理解，即使与同伴的观点大相径庭也不会影响同伴之间的友谊，反而可以在合作中增加成功的机会，满足自己的内在需求。小组合作前，教师可以站在学生的角度思考问题，以平等的身份和真诚的态度与学生相处，提高学生的心理安全指数，并努力促成组员之间的相互依赖关系；小组合作中，教师要告诉学生相互理解与包容、相互帮助与支持，大胆发言，不怕犯错，哪怕出现错误也不会受到教师的批评和同伴的指责，使他们完全以一种轻松、自由的心态参与学习；小组合作后，组员之间相互欣赏与鼓励，使关系进一步融洽，共同分享合作成果、共同提高学习成绩、共同进步与发展。

第四节 核心素养下高中英语读后续写情境教学应用策略

情境教学法如果要在高中英语课堂教学中发挥最大的功效，一定要在教学设计和教学实施的每个环节都顾全教材、教法、教师和学生的各方面因素，为学生提供大量的语言实践的机会，创造各种条件让学生能够积极参与到语言学习的过程中，发挥教师的最大作用，提高课堂教学的效果，帮助学生形成综合语言运用能力。在实施情境教学法的课堂教学中，教师要从语言情境的精心创设、教学手段的合理应用、教学过程的严密组织以及教学评价的切实有效等方面进行优化，才能最大限度地保证情境教学法的有效实施。

一、精心创设语言情境，符合教学目标

语言情境的创设要基于教学目标与学生的认知规律，符合学生的认知水平以及他们的生活实际。创设语言情境要基于教学目标和教学内容，不同的教学目标可以采取不同的情境内容、情境类型和情境策略。

（一）认真分析教材内容，明确教学目标

在课前，教师要认真分析教材内容，把握教学重点、教学难点和教学目标。在整个教学过程中，教师要运用丰富的情境手段，在吸引学生的注意力、激发学生的学习兴趣、促进学生的思维发展、锻炼学生的语言操练，以及提高学生的综合语用方面都起到积极的作用。

感知话题情境，激活学生的背景知识。在课文的导入阶段，教师可以采取多种方式帮助学生感知话题情境，激活学生的知识背景和已有的生活经验。教师在话题切入的时候，对于低段的学生可以采用歌谣、歌曲、游戏等形式；对于中高段的学生可以采用问题引入、师生互动等形式，这些符合学生能力水平、贴近学生实际生活的话题情境可以激发学生的兴趣，带领学生进入语言学习的氛围。在学习关于旅游的话题内容之前，教师可以询问学生的旅行经历；学习关于饮食的话题，教师可以让学生介绍自己的一日三餐。当学生把学习内容和自己已有的知识经验结合在一起的时候，学习效果最好。

理解词汇意义，建构语言知识。词汇是高中英语教学中的一个重要内容。学生对词汇的熟练掌握关键是听其音知其义，见其形知其音。可见，在词汇教学中，对单词的词义、发音和字形的教学是关键。教师可以利用实物、图片等直观教学手段帮助学生理解词义，还可以利用神秘性质、竞赛性质和悬念性质的游戏情境让学生通过参与体验巩固所学词汇。另外，教师可以创设贴近学生生活实际的语言情境，让学生在语言的实际运用中感知和理解词汇。

设计问题情境。在语篇学习过程中，教师创设的问题情境对于帮助学生理解语篇大意、建构知识图示和内容图示有着至关重要的作用。现代认知心理学认为，思维的本源在于问题情境，并且以解决问题为目的。所以，教师创设有效的问题情境，以此引领学生的思维是促进英语学习的有效手段。

问题具有导学的功能，通过师生对话和生生对话能引入教材中的故事情境，理解整个语篇的内容和含义。问题还具有检测功能，可以用来检查学生对教学内容的理解与掌握程度，对教师的教与学生的学都具有反馈作用。语言的操练是教学过程中最重要的环节，它是帮助学生吸收和内化语言的过程。因此，教师一般采用对话、游戏、角色扮演的体验式活动情境，让学生

能够在个体或合作的实践活动中发展语言和思维能力。

（二）采用任务情境，拓展综合语用能力

在语言的迁移运用阶段，为了进一步提升实际语言运用的能力，创设了接近现实生活中语言使用的任务情境。高中英语教学注重让学生在实际运用语言的过程中理解和掌握语言，形成学习策略，提升人文素养。任务型语言教学为学生的语言实践提供了恰当的途径和方法。任务型教学活动中的任务设计必须具有意义性、可操作性、真实性、差距性和拓展性。教师在创设任务情境的时候可以采取合作性任务，也可以采取竞争性任务，如采访、调查汇报、话题讨论、辩论和竞赛等。与此同时，教师在实施整个教学的活动中，应该坚持以学生为中心，教学活动必须面向全体学生，针对有各自潜能的学生，必须关注学生的个体差异，为他们提供基于其优势的学习活动和学习资源，为学生的综合语言运用能力的发展打好基础的同时，促进学生整体人文素养的提高。

二、合理应用教学资源，提高学习效率

为了把英语的语言知识和语言技能更好地融入真实的情境之中，教师应该利用多样化的教学资源，有序合理地呈现学习内容，从而提高学习效率。通过它们，学生才能真正体会语言的内涵和意义，才能将所学的语言知识迁移到真实的生活情境中。但是，教师要根据不同的教学目标、教学内容及学生状态，灵活地应用创设情境的方式，不能单一为了新颖、好玩、娱乐和刺激而让学生整节课都处于各种无效的情境中，要突出情境带给学生语言学习的启示、参与的动机和表达的欲望。

（一）利用实物实现真实的人际互动

高中生喜欢实物教学，一些真实的东西，如玩具、实物、照（图）片、卡片、表格、纸张、海报等更能吸引学生的兴趣，让学生用眼、用耳、动口、动手、动脑多种行为参与和体验语言学习。因此，教师在创设情境时更应该拓宽教学资源的渠道和途径，利用多种多样的教学手段，最大化地吸引学生，提高学生的学习兴趣。

（二）利用多媒体技术实现互动

多媒体技术一直是教师普遍采用的教学辅助手段，在情境教学中的主要作用是情境建构和形成学生学习的“脚手架”。利用多媒体可以使情境建

构呈现多样性，这提高了情境的真实性和趣味性，增强了情境的吸引力和亲和力。教师还可以利用多媒体技术与传统的教学媒体相结合的方法，这样更有利于教师创设效果逼真、具有交互性的语言情境。现在的计算机硬件和软件设备都有声音、图像等功能，可以实现接近真实的人机互动。教师可以利用语音和图像功能进行听、说能力的训练。录音功能能够帮助学生纠正发音、回答问题、讨论交流等。

（三）利用网络信息技术跨越时空互动

互联网具有开放性、共享性和交互性的特点，在教学中使用互联网可以突破传统教学的时空限制。比如，利用互联网中的聊天工具能帮助学生进行语音、视频或文字的语言互动交流；利用一些学习网站提供的即时而丰富的教学资源，学生可以做英语游戏或练习题，这样学生能在真实的情境中提高语言技能。

（四）利用教师资源实现情感互动

虽然信息技术高速发展，多媒体技术在课堂教学中得到广泛应用，但是不能代替教师在课堂上与学生之间真实的语言交流，引导学生发现问题、分析问题和解决问题的思维碰撞过程，更不能代替教师和学生的情感互动及人际交往活动。人是有感情、有思想的，教师和学生在课堂中产生的互动和交往是会相互感染、相互影响的。教师的言行、品质对学生来说就是最好的示范，教师积极乐观的情绪会激励学生投入到课堂活动之中，教师良好的语言素质能够激励学生善于模仿、勇于表达，师生之间的平等交流也会给学生增加无穷的自信心和自豪感。

三、严密组织小组合作，凸显主体意识

重视学习者的互动与合作，学习者之间的互动有利于知识理解的深化和巩固，也促使学习和实践共同体活动更加有效。小组合作学习非常适合外语教学，有利于语言学习。小组合作学习能使学生减轻心理负担，在宽松的氛围中有充足的时间和机会思考问题，可以和组内其他成员交流看法，降低对外语学习的紧张心理。同时，合作的氛围更能让学生获取自尊心和自信心，增强了个体在团队中的价值和信念。合作学习还为学生提供了人际交往的环境，学生之间的合作、交流、互助对于提高外语学习的效果也很有帮助。因此，利用小组合作学习的特点和优势，结合情境教学和外语教学的协作和互

动特点，发挥最佳效能，提高英语课堂教学的效率，教师应该从以下三个方面着手。

（一）把握合作时机，促成思维碰撞

教师在课堂教学过程中要抓住合作的时机。教师普遍认为只有在迁移运用环节，才能通过小组合作的方式让学生完成任务情境。其实，在其他环节也可以恰当地实施小组合作互动。例如，在新授环节，教师可以通过图片、题目或关键词让学生发挥想象，预测即将学习的内容，鼓励小组之间进行有效的交流，生成有想象力、开放性和创造性的预测。又如，在课文学习之后，教师可以通过问题情境把所学话题引申到实现生活之中，引发学生深度思考，学生也可以通过小组交流碰撞产生新的启示。

（二）做好合作调控，确保人人参与

教师在小组合作学习中要做好调控。小组合作就是要最大限度地激发每位学生发展的愿望，让他们尽可能地完成小组目标。教师在这时就要凸显主导作用，在备课时考虑好合作学习的目标、小组的划分、组长的职责、组员的分工、合作的内容、合作交流的时长、汇报展示的方式、评价反馈的方式方法。在实施小组合作学习的过程中，教师需要经常性地参与到学生的讨论活动中，以确保每位学生都能积极参与到小组活动中，真正地了解每个小组甚至每位学生的性格特点和学习状况，及时给予针对性的指导和建议。

（三）全面评价合作效果，关注学生进步发展

教师对小组合作学习效果的评价和反馈是至关重要的，对小组合作学习的评价既要关注学习结果，也要关注学习过程；既要注重个体优势，又要注重集体合力。一要明确评价的目的。要关注学生学习的过程，激励学生的进步和发展；要关注合作的优势，鼓励合作与分享，要关注任务完成的效果，鼓励综合语言能力的提升。二要明确评价内容。即学生的语言，学生的进步，学生的合作，互相尊重、互相学习的氛围。三要明确评价主体。学生本人、同伴、教师都是评价者。

四、有效进行教学评价，发挥积极导向作用

高中阶段的英语教学评价注重激励学生的学习兴趣和建立自信心，因此，既要采取符合学生认知水平的评价内容，又要采取多样性和选择性的评价方式，评价的重点是学生在平日参与各种教学活动的表现。教师的课堂教

学需要正确评价和反馈学生学习任务完成得成功与否，既能够给学生正确的指导、明确的诊断、真正的激励，又能够让教师客观公正地反思自己的课堂教学，进而不断地提高教学质量。

反馈有两个作用：一是表明学生输出外语形式是正确的，并进行强化；二是表明学生输出的外语形式是不正确的，并进行纠正。在不断的调控和反馈中，使学生养成良好的语言习惯。教师在课堂教学的反馈中应注意以下四个方面。

（一）评价目的的发展性

教师对学生的评价反馈不仅要关注学生语言知识和技能的掌握，综合语用能力的发展，还要关注学生在学习过程中学习策略、情感态度与价值观等方面的发展和变化，更要关注不同层次学生的进步。教师可以从学生的学习态度、语言知识的正确、学生的参与情况、语言输出的质量、对学困生的帮助、学困生的进步和发展等方面全面衡量学生的学习效果。

（二）评价主体的多元化

教师是评价学生教学效果的主要实施者，但也要善于鼓励学生进行自我评价和同伴之间的互评。让学生积极参与自我评价和同伴评价，不仅能够使学生更清醒地认识自己的优缺点，而且能增强学生的沟通技能和合作意识，也能及时为教师提供反馈信息，使教师能及时调整自己的教学方法和策略。教师要引导学生经常思考“我学到了什么？”“还能学更多、更好吗？”“同伴的优势在什么地方？”“为什么与同学有差距？”“怎样改进？”等。教师可以通过口头形式或者书面形式让学生自评和互评，也可以采取定性或定量的方式来进行评价。在教学过程中引导学生参与评价，不仅能有效地调动其学习积极性，也能使学生主动地参与学习过程。

（三）评价形式的多样化

高中生的生理特点就是活泼好动，有意注意的时间比较短，喜欢新鲜的事物。新颖的反馈方式能够鼓励学生不断进步。口头反馈是教师常用的方式，教师要根据学生的实际表现和语言输出情况，及时进行肯定和鼓励。丰富教师鼓励性话语的输入形式和内容。除了口头上的反馈，教师还可以利用肢体语言和丰富的表情及时反馈学生的进步和发展。如竖起大拇指，如做一个夸张的惊喜表情，也如给学生一个拥抱等都会起到激励的效果。教师还可以利用一些显性的记录行为，让学生更加直观地看到自己以及所在小组的进步，如小粘贴、计分表、“爬楼梯”、“小树长大”等。

（四）评价内容的指导性

教师对学生激励性的反馈普遍应用在课堂教学的过程中，但是笼统、机械的表扬方式也会导致学生盲目地自信，不清楚自己在语言学习中究竟哪些方面具有优势。因此，教师应在给予学生激励性评价时适时适当地补充、评论和追问，甚至具体说明学生的具体优势。肯定性的反馈有利于增加学生的自信心，而否定性的反馈往往使学生对语言学习有一定的畏惧心理，造成学习兴趣下降。教师在课堂教学中的反馈话语应该以激励为主，使学生对语言表达充满信心；反之，教师的反馈随机性较大、评价目的不明确、评价内容不具体，则不能更好地关注学生的成长和进步。

总之，情境教学法在高中英语课堂教学中的有效实施，一方面需要教师在导入情境、词汇情境、问题情境和任务情境的设计时，依据教学目标和教学内容以及学生的已有知识、背景经验和学生的心理特点，创设贴近学生实际生活，符合学生认知水平和知识结构的语言情境。同时，在情境资源的选择和利用上，要符合学生的兴趣特点和认知特点，充分发挥现代化教学手段优势，做到既保留优良传统，又与时俱进。另一方面，在情境教学法实施过程中教师要充分发挥学生的主动性，通过自主学习、合作学习和探究学习帮助学生在语言实践的过程中丰富情感体验和提高语言素养。教师要注意小组合作学习的时机和调控，要充分利用反馈评价手段保证情境教学法的有效实施。

五、学校组织教师学习

学习是人类进步、社会发展的基本动力，没有学习就没有现代的文明。对于教师来说，他们更需要学习，只有不断地学习才能不断地进步，才能和时代一起前进。对于高中英语教师来说，更需要不断地学习新的知识理论丰富自己的英语教学。无论是新手英语教师还是经验丰富的资历深厚的英语教师都需要学习。然而，个人的学习能力和时间是有限的，但如果学校为英语教师提供一定的场所，让英语教师之间相互交流学习理论知识，分享教学经验，则会加快英语教师的教学理论和现实结合的机会，使英语教师的教学水平得到较快的提高，使教学更加有效。学校可以从以下三个方面组织英语教师学习。

第一，组织小组交流。在每一个周末的上午，确定一个时间段，将所有的英语教师集中起来，每位英语教师轮流用英语主持全程，这为英语教师提供了一个良好的听、说情境，是英语教师将英语运用于生活、工作中的好机会。每位英语教师都要用英语参与表演节目，可以英语演讲、英语板书展示、唱英文歌曲、跳舞等各种形式，这种交流活动能够丰富教师的思维。另外，在组织的小组交流中也可以进行教研活动，讲述教师在英语教学上的一些收获或疑惑的地方，然后一起讨论，还可分享在英语教学上成功的经验。这样不但帮助教师解决了自身英语教学上的困难，而且在交流会上可以学习他人教学的先进经验，从行动和理论上使教师的观念得到转变。

第二，组织听课。教学是由很多细节组成的混合体，在教学过程中要在细节上下功夫，然而，教师在进行教学的过程中不可能记住自己在课堂上所有的细节表现，这时就需要学校对教师进行分配并组织听课。在高中英语教学中有许多小的细节，如名词的单复数、人的性别、动词的单复数形式等都很容易在着急混乱中用错，当有听课英语教师指出这些细小的问题时，可以使英语教师在教学中变得更加规范。在对高中情境教学的授课中，这些细小的应该注意的点更多，一方面需要英语教师在教学中避免，另一方面需要其他英语教师的指导和建议，进而较快提高英语教师的情境教学水平。听课的时候，会有多位教师进行听课，不同的教师会从不同的角度、视野对一场英语情境从设计、过程及效果进行评价，这对新手教师的观念形成或转变效果是非常显著的。

第三，教师培训。教师培训是对教师全方位的培训。在培训中可以使教师在理论知识方面得到大量的增长，从而更好地作用于实践。对高中英语教师的培训是非常必要和有意义的。首先，高中英语是对高中生学习英语的启蒙，主要目标还是培养高中生对英语的兴趣，教师在对高中生的培养中要注重学生的心理发展规律，遵循建构主义理论中维果茨基的”最近发展区“理论，对高中生英语学习能力实施保护。其次，教师在进行英语教学时大多都是与情境结合，在培训中对高中英语教师的相关情境设置、操作等方面的训练，使教师对情境教学的操作更加自如。在培训过程中是建立新的英语教学观念和改造英语教学观念的最佳时机，因为培训的教师会用专业的理论知识引导教师建立良好的教学观念，已经有一定理论基础教学观念的英语教师，也可以吸收其他的理论知识对自己的情境教学进行补充。

六、教师自身提升

一位好的教师不但会提高学生的素质水平，而且会不断地让自己进步成长。对于一个高中英语教师来说，这种自我成长和提高是非常有价值的，不仅对学生进行言语上教导，更用行动和实践成为学生的榜样。在学习中给学生做好榜样示范，使学生向英语教师学习，推动学生学习英语的自觉性。尤其是在推进高中英语情境教学中，教师既要自己学习英语知识，也要带动所有学生学习英语。

改变思维模式，以学生为中心。教师在长期的教学中积累了大量的教学经验，在分析问题、解决问题上都有自己独特的见解，随着教龄的增加，教师对自身的满意度和自信逐渐提升，在教授知识时往往会出现先入为主的现象。在对高中生进行情境教学时应多从学生的现有水平出发，为学生的发展做好辅助和铺垫。

自觉学习，提高自己的理论知识。认真、不断地学习是教师不断提升的重要途径。在进行情境教学过程中，不仅要认真学习校内优秀教师的成果，还要向更好的学校、教师的优秀成果进行学习观摩；认真听取其他教师的意见和建议，并借鉴其他科任教师在情境教学方面的优秀成果；不仅在工作中不断学习英语情境相关内容，还要在业余时间通过网络等传媒手段进行学习，提高自己理论知识的储备，促进自身情境教学观念的转变。从知识的积累到知识的使用，观念的转变并不是总由认知变化带来的，在进行观念转化的过程中还需要有一定的检验，观念的转变一般是在不断实践中发生的。高中英语教师接受情境教学专家理论指导学习后，并不代表教师相关情境教育观念的彻底转变，而是要教师自觉地把观念转化为切实的教学行为。

七、丰富情境教学设计

学生是课堂的主体，教师在对高中生进行英语授课时一定要吃透教材，即对教材的教学目标、重难点等方面进行深入的研究。要对课堂中的情境进行设置，还需要教师全面地了解学生，结合实际为学生创设丰富的情境，使学生在丰富的情境中得到启发，主动积极地发现问题、解决问题。丰富的情境教学不仅在设置上有趣，在进行中还需要多种情境教学方式的相互配合。

兴趣是座加油站，没有兴趣就如汽车没有油跑不远。兴趣是学习最好的教师，对于高中生来说英语是个与众不同的新奇事物，本身充满了神奇，英语教师如果能对高中生的好奇加以培养，使之成为兴趣，则使学生在对英语的学习上变成自觉的行为习惯，将让高中英语无论是在课堂之上，还是课堂之外都能很好地进行。

创设趣味游戏情境，调动学生积极性。游戏深受学生的喜爱，学生在游戏中能够获得快乐和满足，促进学生的心理发展。游戏虽然受学生喜爱，但游戏的种类、方式非常多，就需要教师在进行教学的过程中对游戏的种类、方式进行选择。在选择的过程中应注意选择的游戏在对要突出的内容方面的作用，在游戏的时间长短上应做好掌控，要在有限的时间内将创设的游戏情境有效地完成。

创设神秘探究式情境，引导学生思考。悬而未决的事总是让人们好奇，高中生也不例外，在英语情境教学中应善于利用他们对事物的好奇进行英语情境设置。探索式的情境是在教师根据课本内容精心设计的合理引导下，以学生为主体自觉、主动地探索，掌握认识和解决问题的方法，并通过自身观察发现事物的内在联系，找出问题的规律。这一情境的设置加强了学生的主体地位，使学生的自主能力得到提高。

创设开放式情境，开发学生的创新能力。培养学生的创新思维就是要在情境中培养学生的能力，进而在失去情境的情况下发挥更强的创造能力。这一教学就需要教师引导学生从旧的知识框架体系中跳出来，从原有的情境中走出来进行知识的探究。开放式情境为知识的创新提供了良好的平台，为学生提供了一个探索的空间，引导学生探索、鼓励学生尝试、激励学生超越、调动学生创新，使学生在开放的情境中学习更多的新知识和能力，为全面发展打下坚实的基础。

八、强化师生互动，提升情境交际性

（一）设置具体任务

建构主义认为学生知识的学习并不是教师向学生的传递，而是学生在特定的情境下，利用学习资源，通过与他人合作、协商，最终自己建构知识的过程。外部信息本身的意义并不大，学生主动建构以及新旧知识双向作用

的意义则体现出来。首先，教师在创设情境过程中，应该将情境创设在富有感染力的社会事件或者真实问题上。其目的在于使学生在特定的学习环境下产生自我需要，凭借自我主动学习，与学习成员相互交流、分享，最终亲身体验、识别目标，最终达到目标。在此过程中，学生可以全面审视情境中的所有问题，以发挥自我学习潜力。在此基础上，学生可以在教师的引导下，逐步理解乃至运用知识。对教师而言，从传统课堂教学的主体跳出来，演变为学生的学习伙伴，以便更好地帮助学生。其次，设置疑问。在正式学习前，教师要让学生对所学内容产生问题，激发学生的好奇心，便于学生主动探索，解决认知冲突。对学生而言，深度理解性的建构往往从问题开始，并且比规规矩矩地讲课更加有效。

（二）注重师生互动

现代教育理论认为，教育是师生之间相互沟通和相互影响的活动。在传统教育模式下，教师只见知识、忘记学生，传统的师生角色使得学生在“酣睡”中寻找“知识”，最终导致学生知识运用得非常僵硬。高中英语情境教学本身就注重师生互动，教师应该侧重于指导学生的学习方法，引导学生创造性地解决问题。情境教学若想真正调动学生的创造性和积极性，就必须解放学生大脑，创造民主课堂氛围。本书认为，师生互动首先应该从教学设计角度着手，面向学生、面向未来，多安排有利于提升学生创造力的内容。在传统教学模式下，教师在 Reading 部分往往以教授新单词开始，一句一句讲解句子结构、分析段落，了解文章中心大意，最后再设计相关问题来检查学生的理解和熟悉情况。但这样学生往往就丧失了自由创造的机会，抑制了学生创造思维的培养。对此，在情境教学下，教师应该提升教学设计效果，提升英语课堂的有效性，既给予学生成长的空间，又给予其提升自我的机会。

（三）注重文化渗透，提升情境拓展性

英语课堂教学必须顺应时代的发展潮流，从思想角度着手，培养学生的全球意识，让学生逐渐意识到英语日常的工具作用，以了解、尊重、认同不同文化，为未来学习奠定重要基础。在实际教学过程中，教师应该始终将听、说、读、写融入文化学习过程中，帮助学生开阔视野，强化文化理解层次，让学生能够在交流的过程中表达得体、恰当。在日常学习过程中，教师可以寻找众多资料来帮助学生。对国内学生而言，国外的校园文化非常陌生又非常新鲜，英汉两种语言展现出不同的特征。教师同样可以利用文化旁白的形式强化英语课堂文化情境。在英语课堂教学过程中，教师可以针对教材上所涉及的异域文化进行进一步介绍说明。

除此之外，教师同样可以组织英语实践活动，切实增强学生的跨文化交流意识。教师在讲解或者介绍国外文化时，就可以利用角色扮演、优秀音乐、原版电影等让学生直观地感受不同文化的氛围。有条件的学校，教师甚至可以鼓励学生走出学校，直接与外国友人进行对话，甚至是参与志愿服务活动，以便于学生更加灵活地掌握所学知识。

九、利用虚拟资源，提升情境趣味性

（一）应用多媒体设计教学情境

随着科学技术的发展，在教学过程中运用多媒体技术越来越普遍，在进行多媒体教学时，要营造没有拘束的学习气氛，让课堂充满欢乐，使师生在课堂上有更自由的感受。尤其是对学生，要使学生轻松、自然地享受课堂。

运用多媒体声效，营造愉快氛围。声效在生活中随处可见，不同的声效传递着不同的信息。在进行情境教学的过程中，如果教师能将多媒体中的声效加以合理利用，则为情境教学增色不少。例如，在词汇学习时，教师可以将英文歌放给学生听，也可以在故事教学中放一些有趣的声效使故事情节更加有趣、生动。

运用多媒体图像，呈现实物刺激。传统的图片在教学中的运用很多，但如果图片较多、较大的时候，教师在教学中则会花很多时间进行整理，把宝贵的课堂时间浪费了，然而，在运用多媒体的图像教学后就可以轻松展示大量图片。多媒体图像技术不仅方便操作，成像也更真实、生动，展示的事物也更清晰。

运用多媒体视频，给予多重感官刺激。视频中一般充满了奇思妙想，可以丰富学生的想象力，同时，视频中经常会有滑稽可笑的内容，能够培养学生的幽默感。通常视频中还有善、恶、美、丑，这些能够净化学生的心灵，培养学生良好的道德品质。

（二）运用优秀音乐创设情境

学生的身心发展开始趋向完善，喜好众多古典音乐和流行歌曲，这些优秀音乐往往旋律优美，且能够让青年人抒发出自我的喜怒哀乐。在课堂教学活动中，利用这些优秀的音乐歌曲来营造学习情境，能够有效帮助学生集中注意力，激发其学习兴趣，促使学生专注于学习中。在英语听说课中，教师可以利用英文歌曲来创作情境，提升英语听说课的教学效果。传统听说课大都采取客观选择的联系，且大部分语言材料由少数人来读，缺乏真实的语言学习环境，枯燥乏味，直接影响学生学习的积极性。优秀的音乐内涵丰富、节奏优美，能够为听说课提供真实的语言素材，弥补了传统听说教材的不足，并有效调动学生学习的积极性。可以说，英文歌曲与听力教材合理搭配、交叉使用，能够有效促进英语教学实践与时俱进。在日常听说课教学实践中，教师既可以利用话题来选择较为适宜的英文音乐来辅助教学，又可以直接利用英文歌曲来设置学生训练。在英文歌曲训练过程中，教师可以直接利用播放音乐—提出问题—小组讨论—个体回答的方式来训练学生的口语表达能力。可以说，在聆听音乐的过程中，学生的思维往往比较活跃，更乐于表达自我思想，教师的训练更能达到教学效果。

（三）运用原版电影来创设情境

现代信息技术与教育的相互结合，使得英语教学同样发生重大转变，影像图片的直观，更能够激发学生的学习兴趣。教师可以利用讲解的间歇，运用影片来营造学生乐于接受的情境氛围，鼓励学生在此氛围下训练口语能力。首先，学生可以在原版电影中接受正规的英语表达，还可以听到众多俚语、俗语。其次，英语原版影片的交际环境较为真实，且会随着背景音进行，这同样对学生英语听力训练大有裨益。最后，英语原版影片包含的信息量较大，为学生提供了较为直观的语言情境。从这个角度而言，学生既可以从影片中了解英美文化习俗，也可以学习众多文化知识，以掌握英语交际方式。

（四）运用角色扮演创设情境

游戏是生活中不可或缺的重要活动。不论年龄、性别，人们在游戏过程中学习总会感觉非常快乐。在英语教学实践活动中，大部分英语教师都喜欢运用角色扮演来进行授课。恰如其分的角色扮演能够有效提升学生的英语学习兴趣，感受英语语法规则，认识到英语学习交际能力的重要性，从而有效提高课堂学习效率。在运用角色扮演创设情境过程中，教师担当的是类似于导演的角色。教师应该根据教学目标和教材内容组织学生在英语课堂中进行交流，以锻炼学生的口语水平。在此过程中，教师需要将课堂词汇和相关语法融合到特定的情境中。学生可以在教师营造的情境中选择自己感兴趣的角色，利用英语口语或者身体语言分小组进行交流、合作与探究，去模拟最为真实的社会场景，以达到学习英语口语、巩固英语语法、建构英语知识的基本目的。

（五）循序渐进，提升情境层次性

情境教学层次性主要是指教师在教学实践过程中体现出来的从理论素养到实践应用、从概念性知识到运用性知识层次递进的重要特征。高中英语情境教学不仅应该注意合理分配时间，教学步骤循序渐进，还应该根据学生接受能力满足不同层次学生的需求。生活环境的缺失、生僻单词的影响，都会直接制约学生英语学习的效果。英语情境教学必须坚持循序渐进的原则，只有如此才能够有效夯实学生的学习基础。在教学实践过程中，教师自身应该熟悉教材，规划好一节课：哪些地方适合使用情境教学；特定的知识点用怎样的情境教学方法效果好；什么时间将知识点落实到活动中去；什么时候再从活动中回归到知识点；什么时候将知识点进行拓展训练；知识点之间的相互联系都有什么等。只有如此，教师才能够由浅入深、从易到难、层层叠加，帮助学生形成系统的知识网络，让学生在活动中有兴趣地学，同时还能从活动中抽身出来，提取出知识要点。

十、激发学生学习兴趣与学习动力

人本主义观点主张，学生是处于发展中的人，是学习的主体，具有主观能动性。学习动机是引发与维持学生的学习行为，并使之指向一定学业目标的一种动力倾向，它包含学习需要和学习期待两个部分，其与学习兴趣、学习需要、个人价值观、学生志向水平密切相关，在教学情境中，对大部分学生来说需要是第一位的。恰当的教学情境能对学生产生良性的刺激，使学生产生学习兴趣，进而产生对新知识的学习需要，引发学生的主动学习。在教学情境中，学生通过自主探究获得体验，建立起已有生活经验与新授知识之间的联系，从而掌握知识、锻炼能力。

建构主义认为，学生只有通过真实环境中的感受与体验，获取直接经验，才能真正掌握和理解所学事物，构建新的知识体系。如果只是听别人进行讲授，是无法很好地完成构建的。在真实的环境中，学生的主观能动性被充分调动，主动去获取信息、加工信息、构建意义，主体地位得到凸显。

因此，我们不能把学生体验感受的对象从周围事物中分割开，学生认识的对象处在一种关系与情境之中。教学情境越贴近生活，对于学生就越具有启发性与体验性。学生在传统的说教灌输中，在死记硬背中，在题海战术中，是无法得到自主学习的积极体验的。学生的体验需要进入适当的教学情境才能被激发与获得。丰富的教学资源在情境中得到整合与运用，从而激发学生学习行为的发生。随着教育理念的更新与发展，课堂不再是唯一的教学环境，校园内、生活中处处都可以成为教学情境，处处都有可以供利用的教学素材与教学资源。

新课改强调教师对教学活动的整合与学生的参与，注重学生的学习活动、理解与思考。实践告诉我们，学生若想学好，要有学习的欲望和要求，积极参与学习活动，在学习中感受到快乐。教师要格外关注学生在教学过程中获得的直接体验，学生不仅要学会用大脑思考，还要学习用眼睛观察、用耳朵倾听，亲身去体验，用自己的心灵去感知；更要学会用嘴巴表达，表达自己的感受与独特见解。通过这些经历，激起学生学习的积极性，引导学生从被动学习向主动学习转变，使教学更有实际效果。创建有效的教学情境，关注学生的学习动力，帮助学生独立学习，引导学生积极探索与思考，激励他们充分发挥潜力，形成独立学习的最大动力。

十一、注重培养学生的问题思维

现代教学理论指出，学习产生的本质原因是问题，虽然学生的学习需要被感知，但感知并不是根源。设疑使学生在自身固有的认知结构中发现盲点，唤起思考的欲望。激发学生的学习积极性是课堂教学的起点，培养学生的问题思维是课堂教学的重点，也是教学成败的关键。给学生设置一个问题情境，提出一个超越学生现有的知识体系和能力水平的疑难问题，就能激发学生思维的热情和探求欲。这不仅可以激起学生的学习动力，获得掌握新知识的喜悦，还可以培养思维，提升创新能力，形成良好的学习习惯。

问题是激发思维的起点，问题是启迪思考的动力。问题对学生智慧的启迪性受到具体问题内容的影响。心理学认为，任何经过大脑思考的东西都会留下一定的痕迹。高中生已经具备基本的分析和比较能力，有着丰富的生活经验和个人观点，他们对许多问题都有自己独特的见解。教师创设的问题情境，要能引起学生固有认知上的矛盾，致使学生认知结构失衡，进而使学生产生自我调节认知的需要，激发学生思考的欲望。这样有利于加深学生对学习内容的理解，促进学生从品德认知到实际行为的转化。因此，教师在进行问题设计时要结合学生的思想现实，创设符合学生认知规律、有逻辑性的问题情境，同时要关注学生的自身生活和情感体验，解决学生当前思维中的最大疑惑点。

除了关注问题设置的合理性，教师还要选择恰当的时机呈现问题。教师需要在学生疑惑不解的时候提供支持与帮助，这时教师提出问题，稍加点拨，学生就会有所启发，抓住解决问题的关键。在此基础上，教师在提出问题后，要给学生留足思考的空间，不能提出后立刻让学生回答。教师如果只是通过提出问题激发学生的学习积极性，却没有给学生准备足够的时间深入思考问题，这样会减少学生的学习兴趣。在教学过程中，教师抓住设置疑问的时机，在学生思维的“最近发展区”利用教学内容的转化创设情境，引导学生进入问题情境，可以激发学生的自学兴趣和对知识的渴求，使其积极参与，全身心地投入教学活动中。学生的主观能动性被疑问激发，积极主动地去发现问题、提出问题，直至解决问题。采用问题情境教学，整个教学过程就是一个被问题填满的活动过程。

第五节 核心素养下高中英语读后续写生活化教学应用策略

一、树立科学的生活化教学理念

生活教育理论、建构主义学习理论强调学习者的自我理解、感悟和体验，并在此基础上依据自身经验进行自我建构。基础教育是人的全面和谐发展的基础，它关注生活世界，注重生活对学生的教育意义以及教育对学生生活的建构。教育与生活是不可割裂的，生活化教学将教育与生活紧密结合，重视生活建构的基础教育、尊重学生的现实生活。基于此，树立科学的生活化教学理念是高中英语教学生活化的前提和保障。

二、学校深化高中英语读后续写教学生活化改革

高中英语教学读后续写生活化的顺利实施离不开学校的支持和引导，学校应加强高中英语教学生活化的改革力度，切实落实英语生活化教学。首先，学校应当树立生活化教学的理念，重视高中英语实施生活化教学的重要

性，提高英语学科和英语教师的地位，积极组织英语教师进行生活化教学的相关理论学习培训和实践活动，鼓励教师进行英语教育教学的相关研究，定期开展英语生活化教学的研讨会，互相交流经验和成果。其次，学校及相关部门应加大对基础教育的投入力度，加强英语教学活动中的硬件设施，为高中英语生活化教学提供相关的便利条件。英语生活化教学提倡为学生提供真实的或尽量真实的语言学习情境，因此，对教学实施、教具等要求比较高，由此拓宽英语学习的输入和输出，为学生的英语学习营造良好的语言交际氛围，为英语生活化教学的顺利实施提供相应的物质基础。最后，学校要加强高中英语师资队伍建设，因为教师是课堂教学的主体，良好的英语师资是英语生活化教学的有力保障。加强高中英语教师的专项培训，提升教师的教学业务水平，促进英语教师的专业能力发展，定期开展英语教师生活化教学的交流研讨会等活动，将高中英语生活化教学落到实处。

三、渗透生活化的英语教学目标

在没有外语环境的情况下开展英语教学，失去了高中英语教学的现实生活基础，使英语教学活动与学生的生活世界隔绝，这将导致学生不仅英语没学好，汉语学习也受到英语的干扰，影响高中生的语言发展。因此，尊重高中生的现实生活，应该成为高中英语教学活动的准则之一。高中英语读后续写生活化教学要基于学生的身心发展特点和已有的生活经验，教学目标不仅要充分认识到英语学科的特点，更要关注学生的需要和兴趣。高中英语教学目标的制定要体现生活化，通过英语学习能使学生形成初步的综合语言运用能力，形成良好的英语学习习惯并培养良好的语感，提高个人的人文素养。高中阶段的英语学习要在提高学生语言知识与技能的基础上，重视高中生的情感态度体验、学习策略的养成以及文化意识的培养，为以后的学习和生活打下坚实的基础。而在高中英语教学生活化实施过程中，教师往往忽略了学生探究、合作、参与的体验过程，一味地向学生灌输知识，这无疑偏离了生活化教学的目标。在英语教学过程中，教师要把生活化的英语教学目标渗透到师生活动当中，培养学生跨文化交际的意识和能力。

四、创造生活化情境及氛围

生活化英语教学是一种在生活背景下进行情境化学习的教学方式。生活化的英语教学通过在教学中加入大量的生活素材，实现英语走进生活并成为学生实际生活的一部分。传统的英语教学强调的是单词、语法、句型等，学生大部分的学习方法就是死记硬背，不仅学习效率不高，而且过了一段时间之后又会忘掉，不利于学生对知识的掌握。生活化教学强调以学生的生活经验、文化认识等元素为中心，在教学环节当中设置一系列的教学情境，丰富课堂，让学生学得更轻松、学得更牢固。听说能力是外语技能之一，其发展与学生的综合技能、学习能力、智力等密切相关。掌握好了听的能力，才能理解别人；掌握好了说的能力，才能被别人理解。语言的吸收是语言表达的基础，听说是相辅相成的，如果一味地强调说的能力，不重视相应听力的练习，很容易使学生走向误区，最终导致说不好。所以在高中英语教学当中，掌握说英语应该建立在听英语的基础上，这也是语言的一种模仿。

五、挖掘教材与生活的联系，创设生活化教学内容

教与学的知识源于生活，更需要使学到的知识回归生活之中。首先，教师需要建立学生知识世界和生活世界的桥梁，认真组织和安排教学内容，让课堂教学贴近学生熟悉的现实生活，力求做到生动、具象，由此学生才能轻松愉悦地学习，从而有效地落实教学内容，以达成教学目标。

要实现有效教学，教学内容必须把好关，应选取难度适宜、容量适中的内容，否则不利于有效教学的达成。我们应当从学生的实际出发，根据学生的需求对教材进行综合处理。虽然高中英语的教学内容相对简单，但是同样需要在原有教材的基础之上进行二度开发。教师要更多地向学生提供贴近生活、贴近时代的丰富多彩的课程资源，而现代化的多媒体技术为此提供了很大的便利。我们可以制作多媒体课件，除了传统的文字、图片以外，还可以应用更为生动形象的音频和视频文件，进行多种形式教学的尝试，从而打破单一的课堂教学模式。同时，教师还可以根据教学目标整合教材，突出核心内容，把握好详略，丰富教学过程，调动课堂气氛，从而提高学生的学习兴趣。另外，教师还要善于结合实际教学需要，灵活地甚至是创造性地使用教材，对教材内容和章节编排等进行适当的整合。

六、充分拓展课程资源，丰富生活化教学内容

教材资源是最重要的教学资源，但是我们的教学并不能局限于教材上

的内容，我们要通过课堂，帮助学生打开通向未知世界的窗口。陶行知的生活教育理论认为，教育是生活的内容，它贯穿了人的一生。我们要充分挖掘教学资源，使课堂不断贴近生活，逐步创设一种再现生活、表达生活的情境，从而创设成具有交际性的生活化教学模式，以满足教与学的双向需求。除了教材以外，教师还应当尽可能地拓展课程资源，使学习与生活相关联。对于高中生而言，每天真正能接触和感受到的主要是家庭生活以及少量的社会生活，把教学内容与生活联系在一起，可以给他们一个相对完整的生活概念。所以，对于教学内容的选择，我们要把握好范围和方向，应当从高中生自身及其周围生活逐步展开、层层扩大。

七、教学评价的有效促成

生活化英语教学的评价体系应关注学生语言运用能力的发展过程以及最终的学习效果，结合形成性评价与终结性评价方式，兼顾结果与过程的统一。在具体的评价过程中，我们应该做到以下四个方面。

（一）评价主体的多元化

新课程把评价当作为被评价者提供反馈、建议，促进其发展的途径。学生作为学习的主体，也应该纳入评价主体中，其他评价人除了学生本人及教师，还可以是监督作业的家长、收集作业的组长、管理学科的课代表、组织活动的负责人等。在评价过程中，应实现自评与他评相结合，综合中期评价与学期评价的数据，实现评价主体的多元化。生活化英语教学的评价应该有助于被评价者进行自我教育，进而促成自我发展并不断调适自己的学习过程，从而促进语言能力的不断发展。

（二）重视学生综合能力的发展，淡化甄别与选拔功能

在对英语生活化教学做出评价时，应当考虑的是学生的语言综合运用能力，通过对学生这方面能力的调查，可以最直接地反映生活化教学实施的成效。英语作为一门语言，最重要的功能是沟通，通过常规的说、写、听等方式，学校可以对学生进行阶段性的测试，包括口语表达能力、听力水平和写作能力等。当然测试方法也要有别于传统的方法，应该多加一些偏向于应用的题型，使学生在做题时能够感受一些真实的语境，在答题的过程中感受到真实的生活世界。生活化英语教学不仅重视学生的语用及书面表达能力，而且需要关注学生在日常学习过程中所使用的学习策略以及学习中所反映

的情感态度与价值观，帮助学生有效调控自己的学习过程，培养他们的合作精神，增强自信心，获得成就感。

（三）体现评价方式的灵活性和多样性

生活化英语教学的评价形式应多样化，如课堂学习过程中的竞赛、作业质量、第二课堂参与情况、口语交流表现、个性作品展示、才能技能发展等，既可以是纸笔测验，也可以是口语表达；既可以是量的测评，也可以是质的描述。虽然方式可以多样，但须谨记，评价的正面鼓励和激励作用才是重点。根据不同的评价结果，有针对性地对学生采取特别的反馈方式，如对进步大的学生可以在班级公开表扬，退步比较大的学生进行私下谈心或者约访家长，让学生对自己的学习进行正确评价，了解自己的长处和不足，进行自我反思、自我提高。与此同时，教师还应注意根据学生的年龄特征和学习风格的差异，采取多元化的评价方式，让学生结合自身特长或优势选择属于自己的评价方式。

（四）注重评价结果对教学效果的反馈作用

教学评价最重要的一项功能就是为教师改善教学、学生改进学习提供反馈。如果教学评价的结果表明教师已经达到了预期的教学目标，说明教学目标恰当、可行，教学方法有效；反之，教师则需要改善自己的教学方法。另外，我们也可以通过评价，了解教学行为是否促进了学生自主性的发展和自信心的建立，是否做好了进一步学习的准备以及存在哪些学习困难，是否形成了相应的学科素养。

总之，所有的评价其实都是一种手段，我们应充分认识并考量各种评价方法的优劣，并适时、恰到好处地运用各种评价策略，调动学生在生活化情境中学习英语的积极性，提高他们综合运用英语的能力，从而形成国际性人才的素养才是我们生活化的英语教学所要达到的真正目的。

参考文献

[1] 孙伟编. 高中英语写作指南 [M]. 上海：上海社会科学院出版社，2022.

[2] 田美红. 指向思维品质提升的高中英语读写结合教学研究 [M]. 汕头：汕头大学出版社，2022.

[3] 谢耀红，战明华，赵志敏. 高中英语课堂与教学模式研究 [M]. 长春：吉林文史出版社，2022.

[4] 王晓曦，张法国，孙娟. 核心素养下的高中英语读后续写教学 [M]. 长春：吉林人民出版社，2022.

[5] 夏竹慧. 指向核心素养的高中英语主题单元教学策略 [M]. 长春：东北师范大学出版社，2022.

[6] 葛坦花. 基于核心素养的高中英语阅读教学策略研究 [M]. 长春：吉林文史出版社，2022.

[7] 曾燕文. 走向深度学习：教学评一体化下高中英语单元整体教学 [M]. 长春：东北师范大学出版社，2022.

[8] 彭建伦. 教海拾贝彭建伦高中英语名师工作室教育教学思考和实践 [M]. 北京：民主与建设出版社，2022.

[9] 何亚男，应晓球. 落实学科核心素养在课堂高中英语语法教学 [M]. 上海：上海教育出版社，2022.

[10] 陈春梅. 自主学习视域下教师信念比较研究基于高中和大学英语教师的调查 [M]. 武汉：武汉大学出版社，2022.

[11] 唐晓澐. 高中英语教学纵横谈 [M]. 上海：上海交通大学出版社，2021.

[12] 何亚男，应晓球. 落实学科核心素养在课堂高中英语阅读教学 [M]. 上海：上海教育出版社，2021.

[13] 王万元. 核心素养视角下高中英语读写教学 [M]. 合肥 : 安徽师范大学出版社，2021.
[14] 李秀英，崔克榜，王丹. 高中英语课堂教学探索与创新 [M]. 长春 : 吉林人民出版社，2021.
[15] 陈华. 高中英语语法自学不求人 [M]. 北京 : 北京理工大学出版社，2021.
[16] 张振敏. 互联网技术赋能高中英语课堂教学变革的实践探索 [M]. 银川 : 宁夏人民教育出版社，2021.
[17] 李海超. 探索与实践中国传统文化与高中英语教学的融合 [M]. 兰州 : 甘肃文化出版社，2021.
[18] 俞婷，黄彩霞. 高中英语新课程教学设计与案例分析 [M]. 重庆 : 重庆大学出版社，2021.
[19] 杨云，王飞涛. 英语学科核心素养视域下的高中英语课堂教学策略研究 [M]. 重庆 : 重庆大学出版社，2021.
[20] 何亚男，应晓球. 落实学科核心素养在课堂高中英语词汇教学 [M]. 上海 : 上海教育出版社，2021.
[21] 马丽娟. 聚焦思维品质的高中英语阅读教学 [M]. 长春 : 吉林人民出版社，2020.
[22] 汪微，翁就红，王阁. 高中英语词汇教学策略探讨 [M]. 长春 : 吉林人民出版社，2020.
[23] 韦韡编. 高中英语词汇主题分类学习手册 [M]. 上海 : 同济大学出版社，2020.
[24] 黄少华. 新时代高中英语教学的研究与探索 [M]. 长春 : 吉林人民出版社，2020.
[25] 徐志江. 高中英语阅读理解考试指导 [M]. 上海 : 复旦大学出版社，2020.
[26] 周启平，袁永忠，舒伟.4A 视域下高中英语底蕴阅读探究 [M]. 重庆 : 重庆大学出版社，2020.
[27] 孙丙华. 国际视野下的高中英语教学 [M]. 长春 : 吉林人民出版社，2020.

[28] 何冰，陈雪莲，王慧娟. 语言学应用与英语课堂教学研究 [M]. 郑州：黄河水利出版社，2020.
[29] 王玲，黄佳彬，罗锐. 英语 [M]. 成都：电子科技大学出版社，2020.
[30] 余海进，周兴斌，孙芳来. 核心素养理念下的高中英语教学策略研究 [M]. 长春：吉林人民出版社，2020.